W0001185

3-Minuten Geschichten

für schöne Träume

gondolino

ISBN 978-3-8112-3197-9
9. Auflage 2013

Umschlagillustration: Irmgard Paule
Printed in Poland

Der Umwelt zuliebe gedruckt auf chlorfrei gebleichtem Papier.

www.gondolino.de

Inhalt

Der Spatz am Telefon

Habt ihr viele Bonbons", zwitschert ein Spatz vergnügt. „Wenn ich auch einen bekomme, erzähle ich euch eine schöne Geschichte:
Es war einmal ein Spatz. Für den gab es nichts Schöneres, als auf den Telefonleitungen zu schaukeln und die Telefongespräche zu belauschen. Er kicherte, wenn Frau Müller sich über ihre Hühneraugen beschwerte oder zwitscherte leise mit, als die kleine Anna ihrer Oma ein Geburtstagsständchen sang. Eines Tages saß der kleine Spatz wieder einmal dort und lauschte: Es klingelte.
‚Pizza-Service, Guten Tag.'
‚Tagchen, ich würde gerne eine Pizza bestellen. Und zwar mit Käse, Pilzen und viel Salami.'
Ach ja, dachte der kleine Spatz, eine Pizza wäre jetzt nicht schlecht! Und sein Magen knurrte so laut, dass es in der Leitung brummte.
‚Und wohin soll ich die Pizza bringen?', fragte der Pizza-Mann. Doch der andere hatte schon aufgelegt. ‚Hallo?', rief der Pizza-Mann.
‚Hallo!', antwortete da der Spatz schnell. ‚Bitte bringen Sie die Pizza zum Wald. Und ich habe es mir gerade anders überlegt', zwitscherte der Spatz fröhlich. ‚Statt Pilze und Salami hätte ich lieber Sonnenblumenkerne!'
‚Gerne doch', brummte der Mann ins Telefon.
‚Hurra!', jubelte der Spatz, und dann flog er los. Schließlich hatte er ja nicht allzu viel Zeit, um alle seine Spatzenfreunde zum Pizzaessen einzuladen!"

Der kleine Drache

Basti ist ja so aufgeregt! Gleich kommt Frau König in den Kindergarten. Sie ist Lehrerin und besucht die Kinder in der Schmetterlingsgruppe, die im Herbst in die Schule kommen. Ob Frau König wohl genauso nett ist wie Maja, die Erzieherin der Schmetterlingsgruppe? Und ob sie Basti auch genauso gern haben wird?
Basti und Cora stehen am Fenster, drücken ihre Nasen gegen die Scheibe und warten ungeduldig auf Frau König.
„Frau König ist sooo lustig!“, erzählt Cora begeistert. „Sie hat einen kleinen grünen Drachen, der wohnt bei ihr und kann sprechen und macht immer Unsinn, und Frau König ärgert sich manchmal über ihn, weil der Drache so frech ist.“

Basti staunt, aber Cora muss es ja wissen, denn ihr großer Bruder war auch schon in Frau Königs Klasse.
Plötzlich geht mit Schwung die Tür zum Flur auf, und eine Frau kommt ins Schmetterlingszimmer. Das muss Frau König sein! „Ihr werdet nicht glauben, was gerade passiert ist“, sagt sie atemlos. „Eine halbe Stunde lang musste ich meinen kleinen Drachen suchen. Und wisst ihr, wo ich ihn gefunden habe? Im Vogelhäuschen. Er hat versucht, den Vögeln einen Purzelbaum beizubringen!“
Die Kinder der Schmetterlingsgruppe kichern, und Basti fragt neugierig: „Wo ist denn dein Drache jetzt?“
Frau König deutet auf ihre Tasche. „Dino ist immer etwas schüchtern, wenn so viele neue Kinder da sind. Wollt ihr ihn mal rufen? Dann kommt er bestimmt raus.“
„Hallooo, Dinooo!“, rufen Basti, Cora und die anderen.
Vorsichtig hebt Frau König den kleinen Drachen aus ihrer Tasche,

setzt ihn auf ihren Schoß und streichelt sein grünes Drachenfell.
„Vielleicht geht es euch ja genau wie Dino, wenn ihr an die Schule denkt, und ihr habt ein bisschen Angst", sagt Frau König. „So viele neue Kinder, ein fremdes Klassenzimmer, eine neue Lehrerin ..."
Basti kann sich gut vorstellen, wie Dino sich jetzt fühlt. Wenn er an die Schule denkt, bekommt er auch immer so ein seltsames Kribbeln im Bauch.
Cora kniet sich neben Dino und streichelt ihn. „Hab keine Angst, Dino!", sagt sie leise. „Es ist schön bei uns im Kindergarten. Sollen wir dir ein Lied vorsingen?"
Dino nickt schüchtern.
Die Kinder singen dem kleinen Drachen ein ganz besonders lustiges Lied vor. Lena zeigt ihm, dass sie schon einen Purzelbaum kann, Marie zählt für Dino bis zehn, Sonja leiht ihm ihr Kuschelbärchen, und Peter lässt ihn an seinem Frühstücksbrot schnuppern.
Jetzt sieht der kleine Drache endlich ein bisschen fröhlicher aus.
„Erzähl uns von der Schule!", bittet Amelie neugierig.
Dino überlegt ein bisschen. „Also, wenn die Lehrerin in der Schule etwas fragt, und man weiß die Antwort, dann muss man mit den Ohren wackeln. Probiert gleich mal aus, ob ihr das könnt!"
„Nein!", schreien die Kinder der Schmetterlingsgruppe. „Da muss man sich doch melden!" Sie machen Dino gleich vor, wie man sich richtig meldet.
Dino erzählt weiter: „Und in der Pause sitzen alle Kinder im Schulgarten auf den Bäumen, damit sie das Gras nicht kaputt treten!"
„Gar nicht wahr", meint Basti. „Oder stimmt das etwa?"
Die Kinder schauen die Lehrerin gespannt an.

Aber die schüttelt lachend den Kopf. „Unser Dino hat wirklich viel Fantasie! Vielleicht ist es besser, wenn ihr erzählt, was ihr euch von der Schule wünscht!"
Frau König hört aufmerksam zu, was die Kinder erzählen:
Nina kann schon ihren Namen schreiben und möchte auch die anderen Buchstaben wissen.
Peter will endlich rechnen können wie sein großer Bruder.
Cora fragt, ob Frau König auch geduldig ist.
Steffi erkundigt sich, ob sie ihr Kuscheltier in die Schule mitbringen darf.
Basti freut sich aufs Turnen.
Und Amelie möchte ganz oft malen.
Mit dem Malen darf die Schmetterlingsgruppe auch gleich anfangen. Jedes Kind malt sich selbst mit einer Königskrone.
„Ihr seid doch jetzt meine kleinen Königskinder!", sagt Frau König.
„Mit eurer Erzieherin könnt ihr euer Bild an eine bunte Schnur hängen und es am ersten Schultag um den Hals tragen. Dann sieht jeder gleich, dass wir zusammengehören. Ich freue mich schon auf euch!"
Basti lacht zufrieden. Ganz bestimmt wird es schön in der Schule bei Frau König und ihrem kleinen Drachen.

Auf dem Dachboden

Tina hat schlechte Laune. Sehr schlechte Laune. Niemand auf der ganzen Welt hat so schlechte Laune wie sie.
Außerdem hat sie Langeweile. Grässliche Langeweile. Niemand auf der ganzen Welt hat so grässliche Langeweile wie sie.
Beides kommt daher, dass Tina so furchtbar allein ist. Niemand auf der ganzen Welt ist so furchtbar allein wie sie.
Eigentlich wollte Nele zum Spielen kommen. Das war nach dem Kindergarten so abgemacht. Aber stattdessen ist Nele jetzt mit ihrer Mama in die Stadt gegangen. Schuhe kaufen! Blöde Winterschuhe!
Tina seufzt, laut und tief. Niemand auf der ganzen Welt kann so laut und so tief seufzen wie sie.
Leider hört niemand zu. Tina hat nämlich eben die Tür hinter sich zugeknallt. Jetzt sitzt sie ganz allein oben in ihrem Hochbett. Und zwar in der hintersten Ecke, ganz dicht an der Wand.
Noch nicht mal Mama hat Zeit für Tina. Denn sie packt nebenan Sommerkleider in einen Koffer. Den will sie gleich auf den Dachboden bringen.
Tina kann ja mitkommen, hat Mama gesagt, und sich oben ein bisschen umgucken. Auf dem Dachboden, hat Mama gesagt, findet man eigentlich immer etwas, mit dem man gar nicht gerechnet hat. Etwas Altes, schon halb Vergessenes. Etwas Lustiges oder Spannendes. Jedenfalls etwas, das gut ist gegen schlechte Laune und Langeweile.
„Hab aber gar keine Lust!", hat Tina gefaucht. „Auf dem Dachboden ist es ganz doof. Nein, noch viel doofer. Quatsch, auf dem Dachboden ist es am allerdoofsten!"

Aber jetzt tut es Tina leid, dass sie Mama so angefaucht hat. Vielleicht ist es auf dem Dachboden doof, aber bestimmt nicht so doof wie alleine im Hochbett.
„Tina!“, ruft Mama. „Ich gehe jetzt rauf. Willst du nicht doch mitkommen?“
Tina rutscht stumm aus dem Hochbett, macht die Tür auf und schlurft hinter Mama her. Zuerst durch die Diele. Dann eine Treppe hoch. Und noch eine bis zum Dachboden.
Was da alles rumsteht! Zwei alte Korbsessel, eine schiefe Kommode, eine komische Stehlampe, ein wackliger Gartentisch, ein paar schmutzige Klappstühle, mehrere Koffer und viele Kartons, kleine und große.
Mama stellt ihren Koffer auf die anderen und schaut sich um. „Da war doch mal ...“, murmelt sie. „Da müsste doch ... Ich meine, da wäre neulich ...“
Offenbar sucht Mama etwas. Etwas ganz Bestimmtes. Was denn nur? Tina wird langsam neugierig.

Mama hockt sich jetzt vor die Kartons, greift hier und da einen heraus, schüttelt ihn oder öffnet den Deckel. Plötzlich ruft sie: „Da ist sie ja! Ich hab's doch gewusst. Bärbel! Meine alte Lieblingspuppe! Und all ihre Kleider!" Mama strahlt.
Tina sieht es sogar hier auf dem dämmrigen Dachboden. Im nächsten Moment hat sie allerdings nur noch Augen für den Karton und das, was darin ist: eine nackte Puppe mit ziemlich zerzausten Haaren zwischen unglaublich vielen bunten, nie gesehenen, herrlichen Kleidern.
„Was sagst du dazu?", fragt Mama. „Magst du Bärbel? Und die Kleider? Wollen wir alles mit nach unten nehmen und zusammen damit spielen?"
Tina nickt. „Wir beide?", fragt sie dann. „Du auch?"
„Na klar", sagt Mama. „Meinst du etwa, ich lasse dich allein mit meiner Lieblingspuppe und diesen tollen Kleidern spielen?"
Tina muss lachen. Mit einem Mal hat sie gute Laune. Sehr gute Laune. Niemand auf der ganzen Welt hat so gute Laune wie sie.

Die Seifenkistenfahrt

Schaut mal, was ich gerade beim Sperrmüll gefunden habe!" Konrad steht in der Küchentür und rudert aufgeregt mit den Armen.
„Was hast du denn gefunden?", gähnt Jasper. Er liest gerade ein spannendes Buch und möchte jetzt gar nicht gestört werden.
Jonas auch nicht. Er schmiert sich gerade ein dickes Honigbrot.
„Ach, ihr seid ja vielleicht Langweiler!", ruft Konrad. „Da findet man was Tolles, und ihr kriegt den Hintern nicht hoch!"
„Okay, wir kommen ja schon!"
Jasper klappt sein Buch zu, und sie gehen mit Konrad vor die Tür.
Dort steht ein alter Kinderwagen. Das Verdeck ist völlig verbeult.
„Und dafür bin ich jetzt aufgestanden?"
Jasper will gerade wieder hineingehen, aber Konrad hält ihn fest.
„Wir könnten daraus doch eine Seifenkiste bauen!", ruft er. „Zusammen mit dem Krempel, der noch im Schuppen ist, wird das eine Eins-a-Rennmaschine!"
Jonas und Jasper schauen sich an. Konrad hat Recht! Das Buch läuft einem ja schließlich nicht davon, und das Honigbrot kann bei der Arbeit gegessen werden ...

„Tolle Idee!", rufen sie und legen los.
Den ganzen Tag hämmert und sägt es.
Am späten Nachmittag sind sie endlich fertig. Die Kiste sieht großartig aus.
„Komm, wir testen sie gleich mal", schlägt Jonas vor, und sie schieben den Wagen gemeinsam den Hügel hinauf. Sie setzen sich hinein und sausen den Hügel hinunter. Doch dann: „Vorsicht!", schreit Konrad. „Der Maulwurfshügel da vorne!"
Aber es ist schon zu spät. Die Kiste fliegt durch die Luft und setzt krachend weiter unten wieder auf. „Das ist noch mal gut gegangen!", sagt Jasper. „Keiner ist verletzt!"

Aber wo ist das vierte Rad?

Der Gespensterhase

Als ich noch jung war", erzählt Opa Wackelzahn, „bin ich mal einem Gespenst begegnet."
„Einem echten?", fragt Hasi.
Opa Wackelzahn nickt. „Es war eine stürmische Nacht. Ich hatte mich verirrt. Der Regen prasselte mir aufs Fell, und Blitz und Donner tobten. Da sah ich eine Burgruine. Ich fand ein trockenes Plätzchen unter einem Felsen. Plötzlich machte es ‚Uhuhuuu!'. Mir standen die nassen Haare zu Berge. Ein Hase, so weiß wie ein Bettlaken, spukte herum.
‚Ich hab es satt', jammerte er.
‚Ich mag kein Gespenst mehr sein.'
‚Warum nicht?', fragte ich. ‚Das ist doch sicher spannend.'
‚Es langweilt mich', heulte der Gespensterhase. ‚Ein Gespenst kann nichts fühlen, nichts schmecken und auch nichts mehr riechen.'
‚Das ist allerdings schlimm', sagte ich, ‚wo's hier doch so gut riecht. Nach Regen und frischer Erde und, schnüffel-schnüffel, nach Zuckerrüben.'
‚Zuckerrüben?', kreischte das Gespenst. ‚Wenn's nach Zuckerrüben riecht, bin ich erlöst!' Dann krachte es fürchterlich, und der Gespensterhase verschwand auf Nimmerwiedersehen. Die Burgruine wackelte, stürzte zusammen und war verwandelt." 
„In was denn?", fragt Hasi.
„In einen Haufen Zuckerrüben", lacht Opa Wackelzahn.
„Ja, so war das", sagt Oma Wackelzahn zufrieden und leckt sich die Lippen. „Wir haben jahrelang von den Zuckerrüben gelebt."

Lukas hilft der Polizei

Lukas spielt mit seinem Vater Fußball auf dem Bolzplatz. Plötzlich hören sie Sirenen. Feuerwehr und Polizei biegen mit Blaulicht um die Ecke. Lukas klemmt sich schnell den Fußball unter den Arm. „Komm, Papa, da müssen wir hin!", ruft er. Und schon läuft er los und sein Papa hinterher.
Da sehen sie es auch schon: Der Mülleimer eines Bushäuschens brennt lichterloh. Auch das hölzerne Häuschen hat schon Feuer gefangen.
Mit Papa an der Hand drängelt sich Lukas zwischen die Menschen durch, die aus allen Richtungen zusammengelaufen sind. Lukas will zum Polizeiauto. Er will nämlich mal Polizist werden, und da muss er natürlich sehen, was die Polizisten jetzt tun. Ein Polizist passt auf, dass die Schaulustigen genügend Abstand halten und die Feuerwehr beim Löschen nicht behindern. Eine Polizistin steht neben dem Polizeiwagen und spricht in ihr Funkgerät.
Jetzt kommt eine ältere Frau heran und berichtet ganz aufgeregt: „Ich glaube, ich weiß, wer das war! Vor ein paar Minuten saß hier ein junger Mann, der aus Langeweile kleine Papierstücke angezündet hat."
„Wie sah denn der Mann aus?", fragt der Polizist.
„Ich glaube, er hatte eine schwarze Jeans an, eine rote Jacke mit einem weißen Muster, eine Sonnenbrille und eine grüne Mütze!", erklärt die Frau.
„Einen Augenblick mal!", denkt Lukas, der alles mit angehört hat. Stand nicht eben ein Mann neben ihm, der genauso aussah? Lukas schaut sich um. „Da ist ja der Mann!", ruft er.

Sieh dir die Leute auf dem Bild genau an! Kannst du den Verdächtigen entdecken?

POLIZEI
POLIZEI

Wichtelurlaub

Alle Kindergartenkinder sitzen heute unter dem bunten Zeltdach im Garten. Mit großen Augen hören sie Simone zu, die Wichtelgeschichten vorliest.
Sie handeln davon, dass jedes Kind einen kleinen Wichtel hat, der immer aufpasst und dafür sorgt, dass es seinem Kind gut geht.

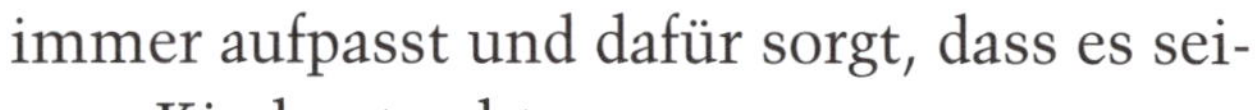

„Vielleicht habt ihr ja auch schon einmal bemerkt, dass es einen Wichtel gibt, der sich um euch kümmert?“, fragt Simone die Kinder.
Becki kaut an ihren blonden Zöpfen und nickt aufgeregt. „Ich hab so lange nach meiner Zopfspange gesucht, und gestern lag sie auf einmal unter meinem Kopfkissen. Mein Wichtel hat bestimmt gewusst, dass ich sie suche!“
Tim nickt. Das kennt er gut. Manchmal findet er sogar Sachen wieder, die er schon ganz vergessen hatte.
„Seht ihr!“, sagt Simone. „Wie gut, dass es Wichtel gibt! Da ist nur ein Problem: Wichtel zu sein ist eine sehr anstrengende Aufgabe. Sagt mal, wollen wir nicht unsere Wichtel in Urlaub schicken und selber Wichtel sein?“
Die Kinder sind begeistert.
Jedes Kind darf zu Simone kommen und ihr ganz geheim ins Ohr flüstern, für welches Kind es in den nächsten Tagen der Wichtel sein möchte.
Becki sucht sich Ebru aus. Ebrus Eltern kommen aus der Türkei, und sie ist erst seit einer Woche im Kindergarten. Becki weiß gar nicht, ob Ebru überhaupt sprechen kann, sie hat noch nie etwas gesagt. Und gelacht hat Ebru auch noch nicht. Meistens spielt sie

ganz allein. Becki würde es nicht gefallen, alleine zu spielen.
Becki wichtelt in den nächsten Tagen für Ebru. Sie legt ihr ein kleines Schokoladentäfelchen in ihre Kindergartentasche, hilft ihr beim Schuhebinden, baut mit ihr eine Höhle aus Kissen und Decken und malt mit ihr.
Ebru ist immer noch still. Aber sie lächelt schon ein bisschen. Schüchtern und vorsichtig.
Und dann, in einer Frühstückspause, passiert es: Becki trinkt ihren Kakao aus der großen Tasse und hat auf einmal einen Kakaoschnurrbart wie ein wilder Räubersmann.
Ebru fängt an zu lachen, dass die Wände wackeln. Sie schüttelt sich vor Lachen, hält sich den Bauch und kugelt sich vor Lachen auf dem Boden herum.
Ebrus Lachen ist richtig ansteckend. Ebru lacht, und alle lachen mit.
„Was seid ihr doch für wunderbare Wichtel!“, freut sich Simone und nimmt Becki und Ebru in den Arm. „Becki hat sogar unsere Ebru zum Lachen gebracht! Ich bin sicher, meine kleinen Wichtelmädchen sind schon bald die besten Freundinnen.“

Wieder Freunde!

Der kleine Braunbär und der kleine Schwarzbär sind gute Freunde. Sie streiten sich nie. Na ja, fast nie.
Eigentlich nur ausnahmsweise. Wenn sie schlechte Laune haben, zum Beispiel. Oder wenn ihnen langweilig ist.
Heute sind der kleine Braunbär und der kleine Schwarzbär alle beide wirklich brummig. Deshalb streiten sie sich um einen Tannenzapfen. Um einen besonders schönen natürlich! Er ist glatt und fest, blank und braun. Noch niemand hat jemals einen so wundervollen Tannenzapfen gesehen!
„Er gehört mir!“, sagt der kleine Braunbär.
„Nein, mir!“, sagt der kleine Schwarzbär.
„Ich habe ihn zuerst gesehen!“, behauptet der kleine Braunbär.
„Aber ich habe ihn aufgehoben!“, behauptet der kleine Schwarzbär.
„Gib ihn sofort her!“, knurrt der kleine Braunbär.
„Wieso denn?“, knurrt der kleine Schwarzbär.

Also fängt der ganze Streit wieder von vorn an. Zuerst streiten die zwei nur mit Worten. Dann knuffen sie sich in den Bauch.
Und nun kugeln sie über den Waldboden.
Der kleine Braunbär und der kleine Schwarzbär gucken weder nach rechts noch nach links. Kein Wunder, dass sie bei all dem Streiten, Knuffen und Kugeln gegen eine große Tanne stoßen! Und plötzlich prasseln viele, viele Tannenzapfen auf sie herunter! Auf den Kopf, auf den Rücken, auf den Bauch, auf den Po und überallhin.
Mit einem Mal sitzen die Bärenjungen ganz still und gucken sich an. Zuerst sehr finster. Aber dann müssen sie lachen.
Um sie herum liegen lauter wundervolle Tannenzapfen. Glatt und fest, blank und braun. Einer noch schöner als der andere.
Man muss sie nur einsammeln. Und danach kann man sie ganz prima miteinander teilen.

Der kleine Pirat im Dunkeln

Der kleine Pirat hat wirklich überall gesucht, aber die Buddel Saft ist einfach nicht zu finden.
Was werden der lange Pirat und der dicke Pirat sagen, wenn sie zum Kartenspielen kommen und kein Saft auf dem Tisch steht?
„Kein Saft? Das ist ja das Allerlangweiligste", würde der lange Pirat sagen.
„Kein Saft? Das ist ja ein dickes Ding", würde der dicke Pirat sagen.
„Kein Saft! Das ist mir ein klein wenig peinlich", würde der kleine Pirat sagen.
Das wird bestimmt kein gutes Piratentreffen, so ganz ohne Saft.
Jetzt bleibt dem kleinen Piraten nur noch eine einzige Möglichkeit: Er muss im Schiffsbauch nach der Flasche suchen! Der Gedanke daran gefällt ihm gar nicht, denn dort ist es ganz fürchterlich dunkel, kalt und feucht.
Und wenn die Buddel nun doch da unten ist? Der kleine Pirat überlegt hin und her. Es hilft nichts, er braucht einen Leuchtfisch! Aber die Leuchtfische wohnen ganz unten im dunkelsten Teil des Meeres, und so tief reicht sein Unterseesprechrohr nicht hinunter! Also ruft der kleine Pirat erst mal die Heringe, die ziemlich weit oben im Meer schwimmen.
Die Heringe sagen es dann den Hummern, und die geben es weiter an die Flundern, und eine ganz besonders mutige Flunder schwimmt bis an den Rand des dunklen Teils des Meeres. Dem ersten Leuchtfisch, der dort vorbeikommt, berichtet die Flunder dann, dass der kleine Pirat dringend Hilfe braucht.
Und wirklich, bald kann der kleine Pirat in den Schiffsbauch steigen. Und mit dem Leuchtfisch in der Hand ist es auch nur halb so gruselig.

Entdeckst du die Saftflasche zwischen all den Sachen?

Spiele am Abend

Es ist Abend geworden. Die Sonne geht unter, und das Meer färbt sich dunkelblau. Kleine Nixen müssen jetzt schleunigst ins Bett. In Wassermanns Haus brennt schon Licht. Und nun geht ein Fenster auf. Papa Wassermann ruft seine jüngste Tochter:
„Melusinchen, komm rein! Es ist höchste Zeit, schlafen zu gehen!"
Aber die kleine Nixe hat gar keine Lust, schon schlafen zu gehen. Sie spielt noch mit ihren Freunden – zwischen den Korallen und Wasserpflanzen rund um ein versunkenes Schiff. Auch unten im Meer sind abends alle Spiele am schönsten.

„Ach bitte, Papa!", ruft Melusinchen. „Meine Freunde dürfen die ganze Nacht draußen bleiben. Ich will auch nicht so früh nach Hause!"
Doch Papa Wassermann schüttelt den Kopf. „Es wird Zeit, Melusinchen! Komm rein!"
Damit schließt er das Fenster und öffnet die Tür.
Also, da ist dann wohl nichts mehr zu machen. Aber die kleine Nixe gibt noch nicht ganz auf.
„Papa", sagt sie, „dürfen meine Freunde denn wenigstens noch bei uns Abendbrot essen?"
Papa Wassermann seufzt. Er kennt das schon. Es ist jeden Abend dasselbe.
„Meinetwegen", sagt er. „Ich hoffe, dass alle satt werden!"
„Juchhuh!", ruft Melusinchen und pfeift auf zwei Fingern. Da schwimmen ihre zwölf Freunde herbei – schwimmen ihr nach, durch die Tür, direkt in Wassermanns Haus.

Doktor Kasperl

Mirco hat Halsweh und Fieber. Er glüht vor Hitze, und sein Bett glüht mit. Mirco ist ziemlich krank.

Mama kommt mit der Medizinflasche und einem Teelöffel. Mirco soll wieder den Saft nehmen, den er schon mittags am liebsten ausgespuckt hätte.

Der Saft ist dick und klebrig und so ekelhaft wie sonst nichts auf der Welt.

„Ich nehm diesen Saft nicht“, krächzt Mirco.

„Natürlich nimmst du ihn!“, sagt Mama. „Du willst doch wieder gesund werden.“

Sie lässt etwas Saft auf den Löffel fließen. Es sieht ekelhaft aus.

„Ich kann nicht!“, krächzt Mirco.

„Ich mag das Zeug einfach nicht.“ Als der Löffel trotzdem näher kommt, schiebt er ihn energisch zur Seite.

Der rosa Saft kleckert ins Bett.

„Igitt!“, krächzt Mirco. Doch ehrlich gesagt, hat er den Saft lieber im Bett als im Mund.

„Ja – igitt!“, sagt Mama. Ihre Stimme klingt ärgerlich. „Jetzt brauchst du einen neuen Bezug.“

„Tut mir leid“, murmelt Mirco und lässt sich aufs Kopfkissen fallen. Er fröstelt, als Mama sein Federbett hochnimmt. Dankbar kuschelt er sich unter die Wolldecke, die sie ihm überlegt. Danach bringt sie den schmutzigen Bezug zur Waschmaschine.

Ob sie den scheußlichen Saft vielleicht darüber vergisst? Mirco macht die Augen zu.

„Mund auf, du Quatschkopf!", sagt da eine Stimme. „Der Saft wird genommen. Der Saft schmeckt ganz köstlich. Zum Kotzen köstlich. Ganz kötzlich, könnte man sagen!"
Das war nicht Mamas Stimme. Das war ...
Mirco öffnet die Augen. Dicht vor sich sieht er den Löffel mit dem rosa Saft. Dahinter entdeckt er einen lachenden Mund, eine große Nase und eine rote Zipfelmütze. Das ist Kasperl! Und er hält Mirco den Löffel mit beiden Händen entgegen.
„Komm schon, du Quatschkopf!", sagt Kasperl. „Ich hab diesen kötzlichen Saft selber probiert. Meine Großmutter hat mir heute schon drei Löffel davon eingetri... ge-tri... tri, tra, trullalla!" Kasperl singt.
Mirco lacht. Und – hast du nicht gesehen – ist der Löffel in seinem Mund.
Der Saft, der kötzliche Saft, läuft ihm über die Zunge, die Kehle hinunter und direkt in den Magen.
„Na also, du Quatschkopf!", sagt Kasperl zufrieden. „Übrigens hat mir meine Großmutter nach jedem Löffel Saft ein gutes Bonbon gegeben.
So eins wie das hier." Er lässt etwas Buntes auf die Bettdecke fallen.
„Danke, du Quatschkopf", krächzt Mirco. „Dieses Bonbon sieht wirklich sehr gut aus. Und der Saft war gar nicht so schlimm. Ich glaube, es geht mir schon besser."

Heiratsgeschichte

Luisa und Max werden heiraten. Später irgendwann, wenn sie groß sind. Gestern erst haben die beiden Einladungskarten gemalt und allen anderen im Kindergarten eine geschenkt.
Luisa geht am liebsten mit Max zusammen auf Schatzsuche. Das ist wahnsinnig aufregend! Und wenn sie dann verheiratet sind, werden sie beide Seeräuber und finden eine geheime Schatzinsel. Das ist abgemacht.
Luisa sitzt auf ihrem Seeräuberausguck oben auf der Rutsche.
„Ich hol nur schnell mein Piratenschwert!“, schreit Max ihr von unten zu. „Bin gleich wieder da-ha!“ Wie der Blitz düst er los. Ein echter Pirat ist immer in Eile.
Aber Luisa muss lange auf Max warten. Sehr lange sogar. Deshalb geht sie ihn suchen.
Max ist in der Spielecke. Max, Luisas Max, baut mit Julia in der Spielecke die Eisenbahn auf! Dabei wollte er doch wieder zu Luisa auf den Seeräuberausguck kommen!
Plötzlich findet es Luisa im Kindergarten gar nicht mehr schön. Frau Müller liest nur ein doofes Buch vor, denkt sich langweilige Spiele aus, das Mittagessen schmeckt überhaupt nicht. Und Max, der spielt immer noch mit Julia ...
Luisa ist traurig. Sie weint sogar ein bisschen, als Papa sie am nächsten Tag in den Kindergarten bringen will.
„Was ist denn nur los, Spätzchen?“, fragt Papa. „So kenne ich dich ja gar nicht!“
„Kindergarten ist blöd, da will ich nicht mehr hin!“, schluchzt Luisa.
Auch Mama wundert sich. „Ich dachte, du spielst so gerne mit Max!“
„Max hat gestern aber mit Julia gespielt“, sagt Luisa leise.

Papa überlegt: „Du hast dir Max doch als Freund ausgesucht, weil er so nett ist. Eigentlich ist es doch kein Wunder, dass andere auch gerne mal mit ihm spielen wollen. Heute spielt er bestimmt wieder mit dir!“

Mama zeigt Luisa die gemalte Hochzeitseinladung, die mit einem großen Magneten an der Kühlschranktür befestigt ist.

Luisa und Max sind darauf zu sehen, Hand in Hand auf einem großen Seeräuberschiff.

Mama nimmt Luisas kleines Gesicht in die Hände und flüstert: „Die kleine Seeräuberbraut bist doch ganz allein du, nicht wahr?“ Luisa nickt und lächelt. Nein, mit Julia will Max bestimmt nicht auf Schatzsuche gehen. Die traut sich ja nicht mal auf den Seeräuberausguck auf der großen Rutsche. Die kann gar keine Seeräuberbraut werden! Julia darf mit Max spielen, aber seine Seeräuberbraut ist und bleibt Luisa.

Polli probiert Schokolade

„Heute will ich einen Schokoladenkuchen backen!“, beschließt Polli. Sie backt nämlich den weltallerbesten Schokoladenkuchen.
Polli bindet sich eine Küchenschürze um. Sie holt die Backform, die Rührschüssel und den Mixer aus dem Schrank.
„Mal überlegen“, sagt sie. „Was brauche ich noch?“
Polli holt Eier aus dem Kühlschrank. Sie wiegt Mehl, Butter und Zucker ab. Dann verrührt sie alles mit dem Mixer. Fertig ist der Kuchenteig.
Aber halt!, denkt Polli plötzlich. Für einen Schokoladenkuchen fehlt natürlich noch etwas. Das Wichtigste! Ganz viel Schokolade nämlich.
Polli sucht im Kühlschrank. Da findet sie eine Tafel Schokolade.
Ob die noch gut ist?, denkt Polli zweifelnd. Ich probiere lieber mal.
Aber als Polli zu Ende probiert hat, ist die Tafel Schokolade aufgegessen. Polli sucht im Vorratsschrank. Da findet sie noch eine Tafel Schokolade.
Ob die noch gut ist?, denkt Polli wieder. Ich probiere lieber mal.
Als Polli zu Ende probiert hat, ist die Tafel Schokolade aufgegessen.
Polli sucht im Kleiderschrank. Da findet sie noch eine Tafel Schokolade.
Ob die noch gut ist?, denkt Polli wieder. Ich probiere lieber mal.
Als Polli zu Ende probiert hat, ist die Tafel Schokolade aufgegessen.
„Schon alles aufgegessen?“, fragt Polli enttäuscht. „Das kann doch nicht sein! Ich bin sicher, dass ich noch mal fünf Tafeln Schokolade hatte! Wo habe ich die nur hingelegt?“

Kannst du Polli suchen helfen? Kreise die Schokoladentafeln auf dem Bild ein.

Lena ist sauer

Lena will weg. Weg von zu Hause. Weg von Mama.
Mama hat eben mit ihr geschimpft. „Kann ich nicht ein einziges Mal in Ruhe telefonieren?“, hat sie gerufen und böse geguckt. „Musst du dauernd dazwischenreden? Warum spielst du nicht mal ein paar Minuten für dich allein?“
Deswegen will Lena jetzt weg von zu Hause. Fürs Erste versteckt sie sich hinten im Garten, zwischen den Johannisbeerbüschen. Mal sehen, wo sie danach hingeht. Jedenfalls sehr weit weg.
Mama wird Augen machen, wenn Lena nicht heimkommt. Und traurig sein. Vielleicht sogar weinen. Na, soll sie doch!
Lena hat kein bisschen Mitleid mit ihr. Sie will ihre schimpfende Mama nie wieder sehen. Nie, nie wieder. Ehrlich!
Lena sitzt schrecklich lange zwischen den Johannisbeerbüschen. Sie singt alle Strophen von „Dornröschen war ein schönes Kind“. Dabei späht sie zum Haus hinüber. Ob Mama immer noch telefoniert?
„Lena!“, ruft es an der Terrassentür.
„Lena, wo bist du?“ Mama steht dort und schaut in den Garten.
Lena gibt keine Antwort.
Da kommt Mama die Treppe herunter und geht langsam über den Rasen.
Lena macht sich ganz klein. Sie sieht Mamas bunten Rocksaum, die braunen Beine und die nackten Füße in den hellen Sandalen. Die Füße kommen näher und näher.
Jetzt bleibt Mama stehen.

Sie bückt sich und sieht Lena zwischen den Johannisbeerbüschen sitzen. Sie lacht übers ganze Gesicht.
„Du sitzt ja da wie ein Hase!“, ruft sie. „Lässt du dich denn mal streicheln, mein Häschen?“
Was macht Lena da?
Lena springt wie ein Hase aus ihrem Versteck und rennt in Mamas Arme. Sie will lieber doch nicht weglaufen. Ehrlich!

Aufregung im Hühnerstall

Der kleine Oskar macht eine Erkundungstour auf dem Schlosshof. Plötzlich bleibt er stehen, stellt die Ohren auf und schnuppert. So etwas Komisches hat er noch nie gesehen. Zwischen zwei Büschen hockt eine Henne und brütet.

„Hallo!", macht Oskar und hebt freundlich eine Pfote.
„Tock-tock!", macht die Henne. Aber das hört sich ziemlich schüchtern an.
„Hast du Lust zu spielen?", fragt Oskar. Er wedelt heftig mit dem Schwanz und schaut die Henne unternehmungslustig an. Aber was hat die Henne nur? Sie duckt sich verschreckt in ihr Nest, klimpert nervös mit den Augen. Und wieder hört Oskar das geheimnisvolle „Tock-tock!".
Plötzlich bricht ein lautes Geschrei los! Ein kreischendes Ungetüm stürzt sich flatternd auf den kleinen Hund. Es ist der Hahn, der es gar nicht leiden kann, wenn man seine Hennen beim Brüten stört.
„Hilfe!", jault Oskar und wetzt davon – der Gockel hinter ihm her. Leider hat Oskar die falsche Richtung eingeschlagen. Immer tiefer gerät er in den Hühnerhof. Eine Henne nach der anderen schreckt von ihrem Nest auf, dass die Federn nur so fliegen. Und der Hahn ist ihm dicht auf den Fersen.
Wo geht es denn hier zum Hundezwinger?, denkt Oskar verzweifelt. In letzter Sekunde findet Oskar den richtigen Weg. „Mama!", jault er und rettet sich zwischen ihre Vorderpfoten. Der Hahn hat Angst vor Bella. Er dreht um und macht sich laut schimpfend auf den Rückweg. Puh, das ist gerade noch mal gut gegangen!

Im Hühnerhof ist es wieder ruhig. Aber einiges ist anders als vor Oskars Besuch. Findest du sechs Unterschiede auf den beiden Bildern?

Post aus Amerika

Da liegt ein Briefumschlag auf dem Tisch. Darauf steht ganz groß: An Pankratz, Höhlenweg 15, im Zauberwald.
Der kleine Drache staunt. Ein Brief nur für ihn. Wer den wohl geschrieben hat? Neugierig schaut Pankratz auf den Absender. Der Brief ist von seinem Onkel Etzel. Der wohnt seit ein paar Jahren in Amerika, weil es dort so wenige Drachen gibt. Deshalb ist er dorthin ausgewandert und hat mit Tante Rahab ganz viele Drachenkinder bekommen.

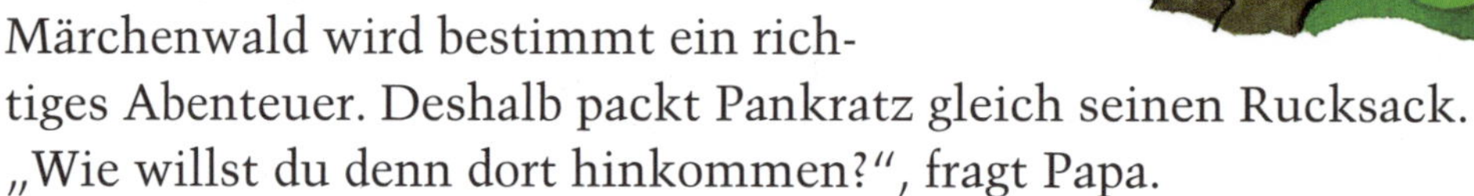

Aber jetzt macht Onkel Etzel Urlaub. So steht es in dem Brief. Und er lädt Pankratz ein, ihn zu besuchen. Onkel Etzel hat ein Schloss im Märchenwald gemietet. Das ist nicht weit weg. Klar, dass Pankratz da hin will. Immerhin ist Etzel sein Lieblingsonkel, und seine Drachencousins sind immer zu Streichen aufgelegt. Der Urlaub im Märchenwald wird bestimmt ein richtiges Abenteuer. Deshalb packt Pankratz gleich seinen Rucksack.
„Wie willst du denn dort hinkommen?“, fragt Papa.
„Ich fliege“, meint der kleine Drache. „Das haben wir in der Schule lange genug geübt!“
Mama und Papa zögern, aber dann nicken sie.
Pankratz fliegt sofort los. Mama und Papa rufen ihm hinterher: „Ruf an, wenn du angekommen bist!“
Schon bald sieht der kleine Drache den Märchenwald unter sich. Jetzt kann es nicht mehr weit sein. Doch was ist das? Vor ihm tauchen plötzlich vier Schlösser auf. Welches Schloss ist nur das richtige? Zum Glück hat ihm Onkel Etzel ein Foto mitgeschickt!

Vergleiche die vier Schlösser genau mit dem Schloss auf dem Foto. Auf welchem verbringt Onkel Etzel seine Ferien?

Papa, mach mal Quatsch!

Es regnet. Papa sitzt im Sessel und liest Zeitung.

Max guckt zu. Besonders lustig ist das nicht.

„Papa“, sagt Max nach einer Weile, „mach doch mal Quatsch!“

„Hmpf“, nuschelt Papa hinter der Zeitung.

Max seufzt. „Papa“, sagt er dann, „du hast schon lange keinen Quatsch mehr gemacht.“

„Kann schon sein“, murmelt Papa.

Max klettert auf Papas Schoß. Dabei kümmert er sich nicht um die Zeitung. „Weißt du“, sagt er, „ich finde es gut, wenn du Quatsch machst.“

„Quatsch?“, wiederholt Papa erstaunt. „Was denn für'n Quatsch?“

„Was zum Lachen eben“, sagt Max. „Wie neulich, als ich gar nicht mehr aufhören konnte.“

Papa lässt die Zeitung fallen und legt den Kopf in den Nacken. Man sieht, dass er nachdenkt. Und dann, dass ihm etwas einfällt.

Papa fragt: „Soll ich mal Hühnersprache sprechen?“

Max freut sich. „Au ja, wenn du das kannst."
Papa grinst. „Ich-hich-le-fich kann-hann-le-fann das-has-le-fas recht-hecht-le-fecht gut-hut-le-fut."
Max grinst zurück. „Ist das Hühnersprache?"
„Ja-ha-le-fa", sagt Papa. „Das-has-le-fas ist-hist-le-fist sie-hie-le-fie."
„Hört sich wirklich toll an", meint Max. „Glaubst du, dass ich das auch kann?"
Papa nickt. „Klar-har-le-far! Probier's mal mit deinem Namen!"
Max denkt angestrengt nach. „Max-hax-le-fax", sagt er dann.
Papa klatscht Beifall. „Und wie heiße ich?"
„Tom-hom-le-fom", antwortet Max, diesmal wie aus der Pistole geschossen.
Papa klopft ihm auf die Schulter. „Jetzt-hetzt-le-fetzt kannst-hannst-le-fannst du-hu-le-fu es-hes-le-fes auch-hauch-le-fauch."
Max strahlt. Hühnersprache ist wirklich sehr komisch.
Und nun reden sie Hühnersprache, bis Mama zum Abendbrot ruft.
„War das guter Quatsch?", fragt Papa.
„Ja-ha-le-fa", antwortet Max, „bloß-hoß-le-foß zu-hu-le-fu kurz-hurz-le-furz!"
Darauf lachen sie, bis sie beinahe von den Stühlen fallen.

Die Schmuddelhexe

Neulich wollte ich mal wieder frische Luft schnappen", erzählt die Schmuddelhexe. „Ich ging in den Park, aber es war keine einzige Bank mehr frei.
‚Darf ich mich zu dir setzen?', frag ich eine junge Mami. Sie schaukelt ihren geblümten Kinderwagen. 
‚Klar, Oma', sagt sie.
Dann schaut sie mich so komisch von der Seite an. Sie hat nämlich gerade die hübschen Senf- und Ketschup-Flecken auf meinem Kleid entdeckt und meine neuen Zwiebelring-Ohrringe.
Ich bin geschmeichelt und bohr ein bisschen in der Nase. Dabei rutscht mir ein Pups raus. Es kracht ziemlich. Pumm!
‚Ist da ein Reifen geplatzt?, fragt die junge Mami. ‚Puh – ist das eine schlechte Luft. Wo die nur herkommt?'
Schnell zieht sie ihr Baby aus dem Kinderwagen und schnuppert misstrauisch an seinem Windel-Popo.
‚Warte', sag ich zu ihr, ‚ich hab da was Gutes dabei, ein Parfüm.' Ich zieh meinen alten Stinkefisch aus der Tasche und wedele mit ihm ein bisschen in der Luft herum.
‚Das ist ein Düftchen, was?'
Die junge Mami ist auf der Stelle abgehauen, und ich hatte endlich die ganze Bank für mich alleine. Und viel frische Luft, hihihi." Die Schmuddelhexe kichert.
„Verflixt und zugenäht", lacht Trixi. „Das war eine lustige Geschichte."

Das lustige Butterbrot

Frühstück", ruft die Kindergärtnerin. Die Kinder laufen zu ihren Taschen und ziehen die Butterbrotdosen heraus.
„Mmh! Ich habe heute eine Möhre, einen Apfel und Schokolade dabei", sagt Ellen.
„Und ich habe zwei Müsliriegel und fünf Erdbeeren", freut sich Diana.
„Und was hast du?", will Alessandro von Carolin wissen.
Carolin verzieht das Gesicht. „Ein total blödes Butterbrot", schimpft sie.
„Zeig mal", sagen die anderen Kinder. Carolin schiebt ihre Butterbrotdose in die Mitte des Tisches, sodass alle Kinder hineinschauen können.
Da kommt Möwe Kira angeflogen.
„Kri", schreit sie laut und stupst mit dem Schnabel ans Butterbrot. „Ich habe auch Hunger."
Da klettert das Butterbrot aus der Dose und hüpft einmal quer über den Tisch. Kira klatscht mit den Flügeln und singt: „Kri, kri, kri!" Und das Butterbrot fängt an zu tanzen.
Jetzt klatschen auch die Kinder begeistert in die Hände und singen. Das Brot stellt sich auf die Rinde und schraubt sich mit einer gekonnten Drehung hoch in die Luft.

„Hast du heute gar nichts zu essen?", will Michaela wissen, als sie Carolins leere Butterbrotdose sieht.
Die Kinder lachen.
„Doch", sagt Carolin, „ich hatte ein ganz lustiges Butterbrot. Aber das ist weggetanzt."

Wohin ist das Butterbrot getanzt? Kannst du es finden? Huch, Diana sind fünf Erdbeeren davongekullert. Weißt du, wohin?

Wespen

Mac Wolle hat einen Bienenstock und macht selbst Honig. Heute hat er alle Feuerwehrleute zum Essen eingeladen.
„Tja“, jammert Mac Wolle, „leider gibt es bald keinen Honig mehr. Im Birnbaum hat sich nämlich ein Wespenschwarm eingenistet. Meine Bienen haben solche Angst vor den Wespen, sie trauen sich kaum noch in den Garten.“
Gundi Gans hat eine Idee: „Wir halten eine qualmende Pfeife unters Wespennest. Das mögen Wespen absolut nicht. Dann hauen sie wieder ab! Wer traut sich?“
„Ich“, ruft der furchtlose Fred Ferkel. Fred steigt mutig die Leiter hinauf. In der Mitte bricht eine Stufe. „Hilfe“, schreit Fred, „ich falle!“ Er purzelt hinab, die Leiter fällt um und zerbricht. Was nun?
„Wir machen eine Räuberleiter“, schlägt Willi vor. „Mac Wolle klettert auf Rüssels schultern, Fred auf Mac Wolles und so weiter.“
Gesagt, getan.
Als Gundi Gans hinaufklettert, passiert es: Eine Wespe fliegt um ihre Nase. Gundi will sie verscheuchen, alles beginnt zu wackeln, und einer nach dem anderen plumpst in den Teich neben dem Birnbaum. Zuletzt platscht auch noch Rüssel in den Teich. Das Wasser spritzt meterhoch, dabei wird das Wespennest klatschnass. Das ist den Wespen zu viel! Sie fliehen auf Nimmerwiedersehen.
Rüssel trieft noch, als er losreimt: „Hast du Wespen in deinem Garten, brauchst du nicht sehr lang zu warten. Rufe gleich die Feuerwehr, die spritzt den Garten wespenleer!“ Nach Rüssels Worten ist der Garten wie leer gefegt. Nicht nur die Wespen haben sich ganz schnell davongemacht ...

Beste Freunde teilen alles

„Oje, was ist denn das?“, sagt Frau Kramer, die Leiterin des Kindergartens, und schaut genauer auf Bennis Kopf. „Mir scheint, da krabbelt eine kleine Laus!“
Eine Laus? Das findet Benni ja wirklich spannend! Schade, dass Bennis bester Freund Timo heute nicht im Kindergarten ist. Benni hätte ihm zu gerne seine Laus gezeigt!
Aber auch die anderen Kindergartenkinder finden das sehr aufregend. Alle stehen um Benni und Frau Kramer herum und wollen Bennis Laus sehen.
„Wo ist sie denn?“, „Zeig doch mal!“, „Ich will sie auch sehen!“, schreien sie durcheinander.
„Nun mal ganz langsam!“, befiehlt Frau Kramer streng. „Ihr geht jetzt erst mal in die Spielecke, und ich ruf Bennis Mama an. Sie muss Benni abholen und den Kopf mit Läuseshampoo waschen. Und dann schau ich nach, ob's bei euch auch krabbelt.“

„Mama, ich hab eine Laus!“, ruft Benni fröhlich, als Mama endlich da ist.
Aber Mama freut sich nicht besonders. Sie nimmt Bennis Jacke und seine Mütze vom Garderobenhaken und seufzt. „Mannomann, das müssen wir jetzt alles erst mal waschen!“

Dann fährt Mama mit Benni gleich zur Apotheke. Dort will sie das Shampoo kaufen.
„Ich hab nämlich Läuse!“, sagt Benni stolz in die Runde.
Die anderen Kunden in der Apotheke machen Platz, viel Platz um Mama und Benni und lächeln gequält.

Und zu Hause geht's dann richtig los.
Mama wäscht Bennis Kopf lange und gründlich. „Das Shampoo tötet die Läuse ab“, erklärt sie. „Damit sie dich nicht mehr beißen können. Sag mal, Benni, hat denn außer dir noch ein Kind Läuse gehabt?“
Benni überlegt. „Nö. Ich bin der Einzige. Toll, was?“
Mama lässt nicht locker mit ihrer Fragerei. „Ich kann mir gar nicht erklären, wo deine Läuse herkommen. Habt ihr vielleicht die Mützen getauscht?“
Benni nickt. Timo und er tauschen im Kindergarten oft die Mützen, wenn sie geheime Urwaldforscher spielen und nach seltenen Tieren suchen. Beste Freunde teilen schließlich alles!
Als Benni endlich mit seinem Handtuchturban gemütlich im großen Sessel sitzt, geht Mama auf Läusejagd.
Tolles Spiel, findet Benni. Leider darf er nicht mitspielen.

Mama zieht Bennis Bett ab und steckt all seine Anziehsachen in die Waschmaschine. Mama erklärt Benni, dass Läuse gerne da sind, wo es warm und kuschelig ist. Zum Beispiel im Bett, auf der Kleidung und leider auch auf den Kuscheltieren. Damit die Läuse verhungern, steckt Mama alles, was sie nicht waschen kann, in große blaue Plastiktüten und stellt sie für lange Zeit in den Keller.
So ein Mist. Womit soll Benni denn jetzt spielen?
Zum Glück ruft da Timos Mama an. Timo hat auch Läuse. Hatte Läuse. Jetzt sitzt er genau wie Benni mit einem Handtuchturban auf dem Sofa und ist sauer, weil seine Mama seinen Teddy in die Gefriertruhe gelegt hat, damit die Läuse erfrieren.
Timos Mama fragt, ob Benni zum Spielen kommen will, damit Timo nicht so allein ist.
Natürlich will Benni kommen! Er rennt in sein Zimmer und holt die Lupe, die ihm Papa zum Geburtstag geschenkt hat. Damit können sie gemeinsam Timos Zimmer erforschen. Wenn sie Glück haben, finden sie seltene Tiere.

Suppe gut – alles gut!

Hasentim und Hasentom sind Nachbarn. Aber sie mögen sich nicht. Daraus machen sie kein Geheimnis.
An einem schönen Sommertag arbeiten beide im Garten. Hasentim düngt seine Möhren, Hasentom gießt seinen Kohl. Zwischendurch gucken beide über den Zaun.
„Meine Möhren sind viel schöner als dein Kohl", sagt Hasentim.
„Unsinn!", ruft Hasentom. „Mein Kohl ist viel schöner als deine Möhren!"

„Überhaupt schmeckt Suppe aus Möhren viel besser als Suppe aus Kohl", behauptet Hasentim.
„Quatsch!", schreit Hasentom. „Suppe aus Kohl schmeckt viel besser als Suppe aus Möhren."
Da kommt Hasentina vorbei und hört, wie die beiden sich anbrüllen. Sie bleibt am Gartenzaun stehen und schüttelt den Kopf. „Ihr Streithasen habt ja alle beide keine Ahnung!", meint sie. „Am besten schmeckt Suppe mit Möhren und Kohl." Damit geht sie weiter.
Hasentim und Hasentom gucken ihr ärgerlich nach.

„Dumme Trine!“, sagt
Hasentim.
„Blöde Tante!“, sagt
Hasentom.
Danach schauen sie
sich unsicher an.
Man kann gegen
Hasentina sagen, was
man will, aber vom Kochen versteht sie was.
Das wissen alle Leute
im Dorf.
„Was ist, wenn sie
Recht hat?“, fragt
Hasentim nach einer
Weile.
„Man müsste es mal ausprobieren“, murmelt Hasentom.
„Ja, das müsste man“, stimmt Hasentim zu. „Von mir aus gleich heute Abend. Komm doch rüber in meine Küche, und bring einen Kohlkopf mit! Ich stifte die Möhren.“
Hasentom nickt. „In Ordnung. Ich hole den besten Kohlkopf, den mein Garten zu bieten hat.“

Sobald es dämmert, sitzen die beiden zusammen am Küchentisch. Hasentom putzt die Möhren. Hasentim schneidet den Kohl.
Als sie fertig sind, stellen sie den Topf auf den Herd. Gelegentlich rühren sie um. Und zwar immer abwechselnd. Einmal Hasentom und einmal Hasentim.
Ein Stündchen später sitzen sie wieder am Tisch. Diesmal löffeln sie ihre duftende Suppe.
„Schmeckt gar nicht schlecht!", sagt Hasentim. „Das kochen wir jetzt öfter. Einmal bei mir und einmal bei dir."
„Hasentina hat wirklich Recht gehabt", sagt Hasentom. „Wir können sie ja mal einladen."
Das tun sie dann auch.
Hasentina kommt mit Vergnügen. Die Möhren-Kohl-Suppe schmeckt ihr sehr gut. Und das will doch wohl etwas heißen!

Das faulste Faultier aller Zeiten

Die Tiere fragen einen Siebenschläfer nach dem Weg. „Ihr habt mich geweckt!“, gähnt er verschlafen. „Du bist aber faul!“, sagt der kleine Bär. „Na hör mal!“, antwortet der Siebenschläfer empört. „Da kennst du wohl nicht die Geschichte vom Faultier:
Eines Tages wollten die Faultiere wissen, wer denn der Faulste unter ihnen war. Deswegen machten sie eine Faulheits-Olympiade. Und alle machten mit! Die erste Disziplin war Dauergähnen: Uaaaahhh! Es wurde so herzhaft und lange gegähnt, dass auch alle anderen Tiere des Waldes gähnen mussten! Aber die Faultiere gähnten natürlich am dollsten. Und nur die Besten durften weitermachen: Sie mussten sich nach Faultierart in die Bäume hängen und durften sich nicht rühren. Wer nur mit den Augen zwinkerte, hatte schon verloren. Am Ende blieb ein Faultier übrig! Doch gerade als es die Goldmedaille bekommen sollte, hörte man ein lautes Schnarchen.

Nanu, was war das denn? Unter dem Siegerpodest lag ein kleines Faultier und schlief. Es war doch tatsächlich so faul, dass es gar nicht erst bei der Olympiade mitgemacht hatte! ‚Das ist nun wirklich das faulste Faultier aller Zeiten!‘, entschieden die Faultiere. So wurde das kleine, faule Faultier aufs Podest getragen und bekam die Goldmedaille umgehängt. Schade, dass es davon gar nichts merkte, denn es schlief immer noch ...“

Fliegende Fliegenpilze

Die Hexe Petronella lässt sich auf den Küchenstuhl fallen. „Was ist denn heute mit dir los?“, fragt Artur, ihre Eule. „Ich habe den ganzen Tag Fliegenpilze gesucht, mein Lieber!“, stöhnt Petronella. „Und jetzt tut mir alles weh!“ Artur flattert zum Korb. „Du hast ja eine Menge gefunden“, staunt er. „Ja, 25 Stück“, sagt Petronella. „Das ist genau die Zahl, die ich für meinen Flugtrank brauche.“ Artur hüpft auf den Tisch. „Kann ich dir vielleicht dabei helfen?“ Petronella lächelt. „Du kannst zwar etwas lesen, aber das Zaubern solltest du doch den Hexen überlassen, Artur! Außerdem ist es schwierig, einen Flugtrank zu brauen“, sagt sie. „Aber jetzt mach ich erst mal ein Nickerchen.“
Artur bleibt in der Küche zurück. Er kratzt sich am Kopf. So ein Quatsch, als ob er nicht auch zaubern könnte! Er schaut, ob er das große Zauberbuch von Petronella entdeckt: Tatsächlich, dahinten liegt es. Leise blättert er im Buch herum. „Das klingt ja ganz einfach.“ Er legt die Fliegenpilze auf einen Haufen in die Mitte vom Küchentisch. „So, das war das. Und nun ...“ Er blättert weiter. „Ah, genau: Jetzt kommt der erste Zauberspruch!
Lummel-Flummel-Fliegenpilz,
Flügel-Mügel ...“
Weiter kommt er nicht, denn die Fliegenpilze fliegen wie Flummibälle durch das ganze Hexenhaus! „Was ist denn hier los?“, schreit Petronella. Sie kommt in die Küche gerannt. „Ich habe dir doch gesagt, du sollst die Flügel vom Zauberbuch lassen!“ Gemeinsam sammeln sie die Fliegenpilze wieder ein. Bald liegen 20 Stück auf dem Tisch. Nun fehlen noch fünf.

Wohin sind die fehlenden Fliegenpilze gerollt?
Kreise sie auf dem Bild ein.

Hase und Igel

Oma Wackelzahn, du bist dran“, sagen die Hasenkinder.
„Ich kenne die wahre Geschichte von Hase und Igel“, sagt Oma, „und die geht so: Es war einmal ein Igel, so ein Wichtigtuer. Der traf eines Tages meinen Urgroßvater Johann auf dem Kohlacker und sagte: ‚Wetten, Herr Johann, dass ich schneller laufen kann als Ihr!‘
‚Niemals‘, rief Johann. ‚Bei meiner Ehre!‘
‚Und Eurem Schwänzchen‘, sagte der Igel. ‚Das darf ich Euch ausreißen, wenn ich gewinne.‘
‚Topp, die Wette gilt‘, sagte mein Urgroßvater und erzählte zu Hause alles meiner Urgroßmutter Sofie.
‚Der Igel will dich austricksen‘, sagte sie.
‚Potz Blitz, aber wie?‘
‚Das lass meine Sorge sein‘, sagte Sofie und versteckte sich im Dorfbrunnen.

Da stand die Frau des Igels und kicherte. ‚Mein Mann und ich sehen aus wie Zwillinge‘, sagte sie zu Frau Eichkatz. ‚Ich werde mich einfach im Ziel verstecken, und wenn der doofe Hase endlich kommt, rufe ich: Bin schon da!‘
Na warte, dachte meine Urgroßmutter und ging Schnekken sammeln. Dann spazierte sie hinter dem Ziel herum und rief: ‚Huch, so viele Schnecken, das ist ja gruselig!‘
Die Igelin konnte nicht anders: Sie lief aus dem Ziel heraus, von einer Schnecke zur anderen und schmatzte sie alle weg.
So kam‘s, dass mein Urgroßvater Johann Hase die Wette gewann. Und Ehre und Schwänzchen behielt. Jawohl!“

Lilo

Tante Katrin steht vor dem Spiegel, bürstet ihre Haare und schminkt sich die Lippen. Jan kniet neben ihr und zieht seine Lieblingsschuhe an.

Heute ist Tanten-Tag. Da gehen Jan und seine Lieblingstante immer bummeln. Mal in den Spielzeugladen, mal in die Bücherei, mal in den Zoo und mal ins Kino. Tanten-Tag eben! Und am Tanten-Tag machen sich Katrin und Jan immer besonders schick.

Jan steckt seine Ente Lilo in den Rucksack. Lilo muss mit, Lilo will auch bummeln. Lilo hat einen ganz langen Entenhals, und der hängt aus Jans Rucksack heraus, damit Lilo alles mitbekommt. Katrin bürstet Jan die Haare und setzt dann ihre Sonnenbrille auf. Jan verwuschelt sich die Haare wieder und setzt auch seine Sonnenbrille auf.

„Katrin, wir sehen echt stark aus!“, meint Jan, als sich die beiden vor dem großen Spiegel im Flur begutachten. Jetzt kann der Tanten-Tag beginnen!

„Quak, quak, quak!“, sagt Lilo, als Jan und seine Tante an einer Eisdiele vorbeikommen.

„Was will denn die Ente?“, fragt Katrin.

„Die Ente will ein Eis“, übersetzt Jan.

„Was für eine gute Idee von Lilo!“, sagt seine Tante überrascht. „Es ist ja auch wirklich ziemlich heiß heute!“

Und schon lecken die drei Stadtbummler an ihrem Eis. Lilo und Jan teilen sich ein Vanilleeis. Das mag Lilo am liebsten.
„Quak, quak, quak!", meldet sich Lilo wieder zu Wort, als die drei an der Bücherei vorbeikommen.
„Was sagt Lilo jetzt?", fragt Katrin neugierig.
„Lilo möchte, dass du uns was vorliest!", übersetzt Jan und zieht seine Lieblingstante in die Bücherei.
Jan kennt die Bücherei gut. Am schönsten ist die Leseecke mit dem großen, roten Sofa und den gemütlichen Kissen.
Katrin liest Lilo und Jan eine lange, spannende Piratengeschichte vor.
Jan muss Lilo in den Arm nehmen, damit sie sich nicht gruselt.
„Ich beschütz dich schon!", beruhigt Jan seine Ente und rückt ein bisschen näher an Katrin heran. Die legt ihren Arm um Jan und Lilo. Katrin beschützt Lilo auch.
Nach dem Vorlesen geht der Stadtbummel gleich weiter.
Vor dem Spielzeugladen trifft Katrin eine Freundin. Die beiden erzählen und lachen und erzählen.
Jan möchte aber so gern in den Laden hineingehen. Schließlich muss Lilo sich noch unbedingt ein neues Puzzle aussuchen.

Lilo wird schon ungeduldig. „Quak, quak, quak!", sagt sie deshalb.
Aber Katrin hört sie nicht.
„Quak, quak, quak!", bringt sich Lilo noch einmal in Erinnerung.
„Was will die Ente?", fragt Katrin endlich.
Jan übersetzt Lilos Frage: „Die Ente will wissen, wann die dumme Gans wieder geht!"
Tante Katrin hebt die Augenbrauen und schaut Jan durchdringend an. „Da hab ich mich ja wohl eben verhört!", sagt sie nur.
Jan fühlt sich unbehaglich. Wenn Katrin

so schaut, ist Ärger im Anmarsch. Hoffentlich hält Lilo jetzt ihren Mund und sagt nicht noch mal „dumme Gans" zu der dummen Gans.
Jan kann ja gar nichts dafür. Katrin hat schließlich gefragt, was Lilo gesagt hat, und er hat es nur übersetzt. Weil seine Tante keine Entensprache kann. Und die dumme Gans bestimmt auch nicht.
Lilos Hals hängt schon völlig schlapp von der langen Warterei aus dem Rucksack, als Katrin endlich wieder Zeit für die beiden hat.
Jan ist sauer. Am Tanten-Tag gehört seine Tante doch ihm. Und Lilo natürlich. Aber sonst niemandem. Basta! Katrin soll ruhig merken, dass Jan sauer ist.
Er trödelt und läuft so langsam, dass Katrin ihn ziehen muss. Soll Katrin sich ruhig ärgern, denkt Jan. „Geschieht ihr ganz recht. Mir doch egal!"
Tante Katrin steuert auf eine Parkbank zu und setzt sich. „Gib mir mal Lilo, ich muss mit ihr reden!", fordert sie.
Jan nimmt die Ente aus dem Rucksack und gibt sie Katrin. Oh, oh, das sieht nicht gut aus. Arme Lilo!
„Hör mal, Lilo!", sagt Katrin und schaut Lilo fest in die Augen.

„Auch wenn du dich ärgerst oder mal warten musst, ‚dumme Gans‘ will ich von dir nicht mehr hören!“
Lilo antwortet nicht. Sie fühlt sich so unbehaglich, dass es ihr die Sprache verschlagen hat.
Deshalb antwortet Jan für Lilo: „Lilo hat dich schon verstanden. Ist ihr ja vorhin auch bloß so rausgerutscht! Sei ihr doch bitte nicht mehr böse! Sie hat dich doch lieb!“
„In Ordnung! Ich hab euch beide ja auch lieb!“, lächelt Katrin, und Lilo wirkt auf einmal sehr erleichtert. Sie darf wieder in Jans Rucksack zurück und zeigt sich den Rest des Tages nur noch von ihrer besten Seite.

Wo sind sie bloß?

Polli spielt für ihr Leben gern Verstecken. Sie findet auch immer die allerbesten Verstecke. Obwohl sie ziemlich groß ist, kann sie sich so gut verstecken, dass ihre Freunde sich immer sehr anstrengen müssen, um sie zu finden.
Einmal hat sie sich im See zwischen dem Schilf versteckt. Sie ist unter Wasser getaucht, sodass nur ihre Augen und Ohren herausgeschaut haben. Willi Warzenschwein, der mit Suchen dran war, hat Erwin gefunden, er hat Gerda gefunden, und er hat Konrad gefunden – aber Polli nicht.
„Komm heraus, Polli", hat Willi gerufen. „Ich gebe auf."
Da war Polli aufgetaucht und hat sich riesig gefreut, dass Willi sie nicht hatte finden können.
Ein andermal hatte Polli sich im Schlamm gewälzt und sich zwischen grauen Felsen versteckt. Sie ist ganz ruhig stehen geblieben, sodass sie selbst fast wie ein Felsen aussah. Und obwohl Erwin, der gerade mit dem Suchen dran war, einige Male ganz dicht an ihr vorbeigegangen ist, hat er sie nicht bemerkt.
„Komm heraus, Polli", hat Erwin schließlich gerufen. „Ich gebe auf."
Da war Polli hervorgekommen und hat sich riesig gefreut, dass Erwin sie nicht hatte finden können.
Diesmal muss Polli suchen. Sie schaut am See zwischen dem Schilf nach. Da findet sie niemanden. Sie schaut zwischen den grauen Felsen. Auch dort findet sie niemanden.
„Wo haben Erwin, Gerda, Konrad und Willi sich bloß versteckt?", überlegt Polli. Als sie gerade aufgeben will, entdeckt sie Spuren auf dem Boden. Polli folgt den Fußabdrücken, und die führen sie direkt zu den Verstecken ihrer Freunde.

Na, wo haben sich die vier versteckt? Folge den Spuren.

Jetzt geht es ins Bett!

Zum Abendbrot gibt es Algensuppe, gekochte Möweneier, Butterbrot mit Goldfischschuppen, gebackene Würmer und Pudding mit Meerkirschen. Allen schmeckt es sehr gut. Kein Klecks und kein Krümel bleiben übrig.
„So, jetzt geht es aber ins Bett, Melusinchen!", sagt Papa Wassermann.

„Warum?", fragt die kleine Nixe empört. „Ich bin noch kein bisschen müde!"
Papa Wassermann lacht. „Das glaube ich nicht! Aber ich glaube ganz sicher, dass deine Freunde nun auch nach Hause müssen."
„Müssen sie gar nicht!", sagt Melusinchen. „Sie sollen sich noch an mein Bett setzen und mir Geschichten erzählen."
Papa Wassermann seufzt. Er kennt das schon. Es ist jeden Abend dasselbe.
„Meinetwegen", sagt er. „Ich hoffe, dass die Geschichten dich endlich müde machen!"
„Das weißt du doch!", ruft Melusinchen. „Zum Müdewerden gibt es nichts Besseres als Geschichten erzählen."
Papa Wassermann nickt, und die kleine Nixe schlüpft schnell ins Bett. In ihr großes, gemütliches Bett! Da liegt sie weich und bequem. Ihre zwölf Freunde setzen sich darum herum. Jeder hat seinen Stammplatz.
Papa Wassermann kommt noch mal gucken, ob sie auch keinen Unsinn machen, eine Kissenschlacht oder so. Aber alle sind friedlich und brav.
„Dann fangt jetzt an mit euren Geschichten!", sagt Papa Wassermann. „Ich gehe noch auf ein Glas in die Haifischbar."

Das Ungeheuer

Lehrer Nigard macht heute mit seinen Schülern einen Ausflug zur alten Drachenschlucht. Die kleinen Drachen sind furchtbar aufgeregt.

„Jetzt bleibt doch mal zusammen", ruft Lehrer Nigard. „Sonst erzähle ich euch nichts von dem Ungeheuer, das früher in der Drachenschlucht sein Unwesen getrieben hat!"

„Ein Ungeheuer?", ruft Pankratz erstaunt. „Ich dachte, hier haben nur Drachen gewohnt?"

„Ja, aber nicht alle Drachen waren friedliche Gesellen", erzählt der Lehrer. „Und hier hauste eben auch None, der neunköpfige Drache."

„Ein Drache mit neun Köpfen?", fragt Pankratz ungläubig.

„None war über tausend Jahre alt", berichtet Lehrer Nigard weiter. „Er hat mit vielen Rittern gekämpft. Und als ihn einer mal am Hals verletzte, da wuchs ihm an dieser Stelle ein zweiter Kopf nach. So wuchsen ihm aus jeder Wunde am Hals neue Köpfe – insgesamt neun. Und weil er nichts als Kämpfen gelernt hatte, tat er das auch noch, als wir längst mit den Rittern Frieden geschlossen hatten! Wartet nur ab, gleich seht ihr ein Bild von None an der Felswand."

Als sie um die Ecke biegen, bleiben alle mit offenem Maul stehen. So groß haben sie sich das Bild des Ungeheuers nicht vorgestellt. Und nicht so Furcht einflößend.

Den muss ich zu Hause unbedingt malen, denkt Pankratz und prägt sich das Bild von None ein.

Leider kann sich Pankratz nicht mehr ganz genau erinnern. Entdeckst du die fünf Unterschiede zwischen dem neunköpfigen Drachen auf der Felswand und dem Drachen auf Pankratz' Bild?

Krokodilszauber

Ich will nicht ins Bett!" Lina stampft mit den Füßen auf und weint. „Unter meinem Bett wohnt ein Krokodil. Da schlaf ich nicht. Ich hab Angst!"
Papa erklärt es ihr wieder und wieder: „Krokodile leben in Afrika, nicht unter Kinderbetten. Komm, wir schauen mal unter dein Bett. So, siehst du! Da ist kein Krokodil." 
Aber Papa kann reden, was er will, unter dem Bett wohnt doch ein Krokodil! Lina weiß es ganz genau! Sobald Papa das Licht ausmacht und aus dem Zimmer geht, ist es da. Es hat spitze weiße Zähne und knabbert an Linas Bett. Sie spürt doch jede Nacht, wie das Bett wackelt, wenn das Krokodil sich satt frisst. Es ist eben ein unsichtbares Krokodil.
Linas großer Bruder David kommt ins Zimmer. „Was hör ich da, du hast ein unsichtbares Krokodil unter deinem Bett?", fragt er erstaunt. „Oh, oh, oh, da müssen wir aber dringend etwas unternehmen!"
Lina atmet auf. Endlich einer, der die Sache mit dem Krokodil ernst nimmt.
David schickt erst mal Papa aus dem Zimmer und schließt die Tür. „Das ist eindeutig ein Fall für große Brüder!", erklärt er entschieden.
Und dann sitzen Lina und David auf dem Bett und überlegen, wie sie das unsichtbare Krokodil vertreiben könnten.
„Also, wenn ich dir einen Tipp geben darf, Lina", beginnt David, „Krokodile sind große Angsthasen!"
Lina traut ihren Ohren nicht. Was erzählt David da? Wovor sollten

Krokodile denn Angst haben? 
„Wir müssen herausfinden, wovor sich dein unsichtbares Krokodil fürchtet", erklärt David weiter. „Dann können wir es auch vertreiben."
„Ich glaube, es fürchtet sich vor Licht!", meint Lina. „Sonst würde es nicht unter dem dunklen Bett wohnen. Und es hat Angst vor Lärm, sonst würde es nicht nur kommen, wenn es ganz still ist in meinem Zimmer. Und vor Geistern hat es auch Angst."
David nickt die ganze Zeit. „Gut, sehr gut!", sagt er dann. „Sag mal, hast du dir auch schon überlegt, warum dieses Krokodil ausgerechnet die Holzbeine von deinem Bett anknabbert? Das kann doch unmöglich gut schmecken! Holzbein mit Spinnenfäden zum Abendessen."
Lina lacht. „Dummes Krokodil!"
Da hat David eine Idee. Sie werden das Krokodil ganz fürchterlich erschrecken und für immer vertreiben.
Auf Zehenspitzen schleichen die beiden Verschwörer ins Badezimmer.
Papa traut seinen Augen nicht, als die Geschwister wieder herauskommen.
Lina und David haben ihre Gesichter dick mit weißer Creme eingeschmiert und weiße Nachthemden angezogen. Wie zwei Gespenster schleichen sie zum Kinderzimmer, reißen die Tür auf und rennen schreiend hinein.
David knipst das Licht immerzu an und aus und an und aus, richtig unheimlich ist das.
Lina wedelt gefährlich mit den Armen und springt auf ihrem Bett herum. „So, du dummes Krokodil, verschwinde! Raus hier! Das ist mein Zimmer!", schreit sie.

Seitdem kann Lina in ihrem Bett wieder prima schlafen, denn das unsichtbare Krokodil ist und bleibt verschwunden. Wie gut, dass es David gibt.

Kitzelkampf

Die kleinen Nixen
tief unten im Meer sind
immer lustig. Sie lachen und kichern, tanzen
und singen, schwimmen und tauchen von früh bis spät.
Ach, wären doch alle um sie herum genauso lustig wie sie! Die Nixen mögen es gar nicht, wenn einer griesgrämig dreinschaut. Sie können es kaum aushalten, wenn einer knurrt. Sie würden am liebsten alle um sich herum zum Lachen bringen.
Das müsste doch möglich sein! Oder nicht?
Also, da ist zum Beispiel der Krake. Der alte, achtarmige Krake, der unter dem großen Korallenriff in einer Felshöhle wohnt.
Er zieht immer ein saures Gesicht, wenn er den Nixen auf dem Meeresgrund begegnet.
„Guten Tag, lieber Krake!", sagen die Nixen und drehen sich ausgelassen um ihn herum. „Willst du nicht mit uns tanzen?"

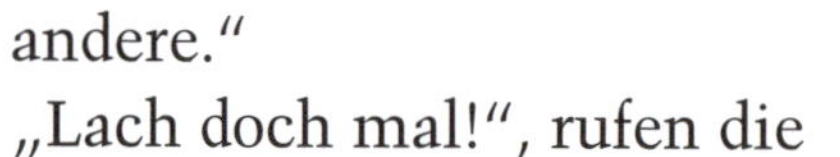

„Macht, dass ihr wegkommt!“, schimpft der Krake. „Und lasst mich vorbei!“
„Aber Tanzen macht lustig“, behaupten die Nixen. „Du hast sicher schon lange nicht mehr getanzt.“
„Ich will nicht tanzen“, knurrt der Krake. „Ich will auch nicht lustig sein. Eins ist so dumm wie das andere.“
„Lach doch mal!“, rufen die Nixen. „Lachen tut dir ganz bestimmt gut.“
Darauf gibt der Krake erst gar keine Antwort. Er schnaubt nur – verächtlich und böse.
Aber die Nixen geben nicht auf.
„Wir müssen ihn zwingen!“, lacht die erste.
„Wir müssen seine Arme nehmen!“, gluckst die zweite.
„Wir müssen ihn festhalten!“, kräht die dritte.
„Wir müssen ihn kitzeln!“, kichert die vierte.
„Ja! Ja! Ja! Ja!“, rufen die anderen.
Sofort fallen die kleinen Nixen über den alten Kraken her. Alle acht. Jede packt einen Arm. Und nun kitzeln sie ihren Gefangenen. Überall.
Der Krake wehrt sich. Er schreit und schimpft, brüllt und faucht, zetert und knurrt. Vor lauter Wut wird er knallrot. Aber es nützt nichts. Die Nixen kitzeln und kitzeln und kitzeln.
Soll das immer so weitergehen? Der Krake jammert. Doch aus dem Jammern wird plötzlich ein Quietschen. Und aus dem Quietschen – ein Lachen! Ja, wirklich, der Krake lacht! Er kann nicht anders. Er muss lachen und lachen und lachen.
Als die Nixen ihn endlich loslassen und mit dem Kitzeln aufhören, lacht der Krake immer noch.

Die acht Nixen schauen sich zufrieden an. Der Krake sieht jetzt richtig nett aus.
„Du solltest häufiger lachen“, schlägt die kleinste der Nixen vor. „Auch dann, wenn dich niemand kitzelt.“
Der alte Krake antwortet nicht. Er kann nicht. Weil er immer noch lacht.

Post von Tante Rabea

Jasper saust zur Tür herein. „Schaut mal, wir haben Post bekommen!“ Er wedelt mit einer bunten Postkarte.
Jonas und Konrad sitzen in der Küche. „Na, sag schon, von wem ist sie denn?“, ruft Jonas und versucht, die Karte zu erwischen.

„Nix da!“ Jasper hält die Karte so hoch er kann. „Ich habe die Post geholt, also darf ich auch die Karte vorlesen!“ Er setzt sich zu den anderen und fängt an: „Lieber Jasper, lieber Jonas, lieber Konrad ...“
Jonas brummt genervt: „Jaja, wir wissen ja, dass wir lieb sind.“
„Wenn du mich andauernd unterbrichst, kann ich ja nicht weiterlesen, du Dödel!“, ruft Jasper beleidigt.
„Ruhe!“, brüllt Konrad. „Jetzt streitet euch nicht. Ich will wissen, was auf der Karte steht!“
Jasper liest weiter: „Ich hoffe, ihr seid gesund und munter. Ich habe in letzter Zeit wieder viel gestrickt und schicke euch bald ein Paket mit neuen Mützen und Schals für den Winter. Ich hoffe, sie gefallen euch. Herzliche Grüße, eure Tante Rabea.“
Jasper überlegt. „Vielleicht sollten wir mal den großen Kleiderschrank aufräumen. In den letzten Jahren hat Tante Rabea uns so viele Mützen und Schals gestrickt, da blickt bald keiner mehr durch, was zusammengehört.“
„Und wenn jetzt noch mehr dazukommt ...“, seufzt Jonas.
Und in der Tat: Kaum ist die Schranktür offen, fällt ihnen der Inhalt auch schon entgegen. Die drei Bären schleppen alles in die Küche und verteilen es auf dem Tisch. „Ich glaube, wir sollten erst mal alle Paare sortieren“, sagt Jonas.

Zu jeder Mütze gibt es einen passenden Schal. Aber bei einem Schal fehlt die Mütze. Welcher ist es?

Die Handarbeitshexe

Die Handarbeitshexe Berta hat keine Lust zum Erzählen. Sie näht Flicken auf ihren bunten Rock. Ihr Hexentier ist eine weiße Gans, die sitzt auf dem Handarbeitskorb und zupft an einem weißen Faden.

„Echte Schafwolle", sagt Berta. „Davon stricke ich mir gerade eine neue Jacke, zwei links, zwei rechts und eine Masche über Kreuz."

Dann entdeckt sie Trixis feuerrote Strumpfhose. „Am Knie ist ein Loch. Hier hast du Nadel und Faden, du schlampige kleine Hexe, damit stopfst du das Loch sofort zu."

„He!", sagt Trixi. „Lass mich in Ruh, du blöde Kuh!" Dabei schnippt sie dreimal mit den Fingern. Das ist Trixis Art zu zaubern. Und – muhuhu – verwandelt sich die Handarbeitshexe Berta in eine flickenbunte Kuh. Die Gans flattert zwischen ihre Hörner und schnattert aufgeregt.

„Du darfst mich nicht verzaubern", muht die Handarbeits-Kuh.

„Und ob ich's darf, du dummes Schaf", sagt Trixi und schnippt wieder dreimal mit den Fingern. Mäh-hä-hä! Die Berta-Kuh schrumpft zusammen und verwandelt sich in ein dickes weißes Schaf.

Da springen die Wollknäuel aus dem Korb und hüpfen wie kleine Lämmer durch die Gegend. Mäh-häh!

Die Oberhexe liegt auf dem Bauch und kringelt sich vor Lachen. „Trixi, du kleine Hexe, du bist in unserem Hexenkreis auf dem Grünen Hügel voll aufgenommen!"

„Verflixt und zugenäht!", lacht Trixi. „Von Herzen gerne!"

Oskars Lieblingsspiel

„Guten Morgen!“ Tillys Vater, der König, schlurft zum Frühstückstisch und lässt sich gähnend in den Stuhl fallen. „Hat jemand zufällig meine Hausschuhe gesehen?“, fragt er Tilly und die Königin. „So kann ich mich nämlich nicht auf den Thron setzen!“ Der König hebt den linken Fuß und wackelt lustig mit der großen Zehe, die aus einer löchrigen Socke hervorschaut.

„Na, so was“, ruft die Königin erstaunt, „ich kann meine Hausschuhe auch nicht finden!“ Sie steht auf, und unter ihrem prächtigen Gewand schauen zwei rotweiß geringelte Strümpfe hervor, was leider nicht sehr königlich aussieht.
Nun ist Tilly an der Reihe. „Meine Hausschuhe sind auch weg!“, verkündet sie kichernd und wedelt mit den nackten Füßen.
„Donnerwetter!“, ruft Tillys Vater. „War das etwa wieder der Hund? Erst letzte Woche hat er meine Hausschuhe versteckt!“ Wie auf Kommando drehen sich alle drei zu Oskar um.
„Oskar!“, rufen sie streng. Der kleine Hund richtet sich auf und legt den Kopf schief. „Was ist denn los?“, heißt das.
„Hast du wieder unsere Hausschuhe versteckt?“, fragt Tilly.
Oskar kläfft fröhlich und wedelt mit dem Schwanz. „Klar hab ich das! Ist doch mein Lieblingsspiel!“, soll das wohl heißen.
„Sofort zeigst du mir, wo du sie hast!“, ruft Tilly. Oskar springt auf und wetzt zur Tür. Dort schaut er sich um, ob Tilly ihm auch folgt. Und die rennt auf nackten Füßen hinter ihm her.

Oskar führt Tilly in ihr Zimmer. Dort hat er die Hausschuhe versteckt. Kannst du Tilly helfen, sie zu finden?

Seifenkisten-Rennen

Auf dem Dorfplatz stehen jede Menge Seifenkisten.
„Liebe Freunde“, ruft Rüssel. „Ich freue mich, dass so viele bei unserem Seifenkisten-Rennen mitmachen. Und das mit so tollen Löschfahrzeugen.“
Max Möhre startet mit dem Modell „Karottenflitzer“. Der Karottenflitzer ist einfach und genial. Vater und Sohn Möhre haben sogar auf Bremse und Steuer verzichtet. Als alle Teilnehmer auf dem großen Viehberg startklar sind, schreit Rüssel: „Auf die Plätze – fertig – uuuund los!“

Max Möhre ist von Anfang an der Schnellste. Er flitzt schnurgerade den Berg hinunter.
Poff! Er fährt so schnell, dass ein Heuballen am Wegrand von seinem Flitzer weggeschleudert wird. Auf einmal rast Max auf die Zuschauer los. Nichts wie weg hier! Dann mäht er das Bushäuschen nieder und landet schließlich im Löschteich.
„Bin ich Sieger?“, fragt er grinsend, als er wieder auftaucht.
„Noch nicht ganz“, antwortet Rüssel. „Nächste Woche wird der Wettbewerb nämlich wiederholt“, verkündet er, „und zwar unter dem Motto: Wer baut das schnellste Löschfahrzeug, das auch bremsen und lenken kann? Denn“, so reimt Rüssel, „das schnellste Löschfahrzeug kannst du dir schenken, wenn es nicht bremsen kann und lenken!“
„Na, solange du keinen Wettbewerb im Reimen gewinnen willst“, murmelt Max und schleicht davon.

Immer nur Streit!

Nun hört doch endlich auf! Könnt ihr euch nicht einmal vertragen!", schimpft Mama genervt aus dem Wohnzimmer. Mama mischt sich einfach immer ein, wenn Alex und Jana streiten. Aber wie soll man nicht streiten, wenn man gerade ein Puzzle zusammensetzt und der große Bruder mit seinem ferngesteuerten Auto immer wieder drüberfährt?

Alex macht das bestimmt mit Absicht. Er thront mit der Fernsteuerung auf seinem Bett und grinst blöd: „Oh, bin ich aus Versehen über dein Puzzle gefahren? Nein, wie schrecklich, bitte entschuldige!" Alex legt den Rückwärtsgang ein und holt das Auto zurück. Quer über das ganze Puzzle. „Das war jetzt das letzte Mal, wirklich!", beteuert er scheinheilig. Und dann fährt er das Auto immer genau dahin, wo Jana gerade ein Puzzleteilchen einsetzt. Das Auto verfolgt Jana.

„Du bist so gemein!", schreit Jana. Sie kocht vor Wut. Jana springt auf Alex' Bett, reißt ihm die Fernsteuerung aus der Hand und wirft sie auf den Boden. Mit lautem Krachen zerspringt sie in ihre Einzelteile.

„Das wirst du mir büßen, du dumme Ziege!", kreischt Alex und boxt Jana an den Arm.

Jana wehrt sich. Wer einen großen Bruder hat, ist Ärger gewohnt. Und wer einen großen Bruder hat, muss manchmal auch kämpfen. Mitten im größten Kuddelmuddel erscheint Mama in der Kinder-

zimmertür. „Ich gehe jetzt rüber zu Uli!", sagt sie nur. „Euer Vater kommt bald nach Hause. Soll der sich euer Gezanke anhören. Mir reicht's!"

Ohne ein weiteres Wort öffnet Mama die Wohnungstür, klingelt bei ihrer Freundin Uli, der Nachbarin, und verschwindet in deren Wohnung. Einfach so!

Alex findet als Erster seine Sprache wieder. „Eine Mutter darf ihre Kinder gar nicht allein lassen! Das ist bestimmt verboten!", sagt er trotzig. Aber ganz sicher ist er sich da nicht.

Jana schaut mit großen Augen auf die Tür, durch die Mama eben verschwunden ist. „Wann kommt Mama denn wieder?", fragt sie. Alex zuckt ratlos die Schultern.

Jana vermisst Mama jetzt schon. Sie vermisst Mamas Geschichten und Küsschen. Sie vermisst es, in Mamas Armen zu kuscheln, mit Mama zu singen und zu lachen.

Alex vermisst Mama auch. Er wollte ja nicht Mama ärgern, sondern eigentlich nur Jana. Und selbst das tut ihm fast ein bisschen leid. „Wir müssen uns was ausdenken, damit Mama wieder zurückkommt!", schlägt Alex vor.

Jana und Alex überlegen, bis ihnen der Kopf raucht. Und weil sie Mama so lieb haben, fällt ihnen auch etwas ein. Sie wollen genau das machen, was Mama so gern hat: Sie räumen das Kinderzimmer auf, ordnen die Schuhe im Flur und sammeln die im Wohnzimmer verteilten Spielsachen zusammen.

Dann machen sich Alex und Jana

fein, bürsten sich die Haare und klingeln aufgeregt an Ulis Tür.
Uli macht auf. Sie lächelt, als sie die zwei da stehen sieht. „Besuch für dich!", ruft sie in die Wohnung hinein.
Mama kommt zur Tür.
„Komm bitte wieder rüber!", sagt Alex. „Wir haben auch schon aufgehört zu streiten."
„Du fehlst uns so!", flüstert Jana leise. „Komm doch bitte wieder!"
Uli lacht, und Mama gibt Jana und Alex einen Kuss. Ihr Ärger ist längst verraucht. „Ich komme gerne wieder zu euch. Wie hab ich euch vermisst!", sagt sie fröhlich.

Oma

Lotta ist ganz in Gedanken versunken. Sie malt. Lotta malt Lotta. Mit ihrem Lieblingskleid und den neuen Lackschuhen, die Oma ihr zum Geburtstag geschenkt hat.

Oma ist die allerliebste Oma, die es gibt. Sie duftet nach Kuchen und erzählt die allerschönsten Märchen. Und wenn es nachts blitzt und donnert, darf Lotta unter Omas Bettdecke krabbeln und sich in ihren Armen sicher fühlen. Oma gehört einfach zu Lotta. Deshalb muss Oma auch auf Lottas Bild!

Da gibt es nur ein Problem: Oma passt nicht mehr aufs Bild. Das ganze Bild ist schon voller Lackschuh-Lotta. Zu dumm!

Lotta schaut sich um. Aber sie findet kein Papier mehr. Nicht unter dem Bett, nicht auf der Kommode.

Da fällt Lotta etwas ganz Tolles ein: Lotta wird Oma einfach auf die Wand malen! Oma ist ja viel größer als Lotta und passt sowieso nicht auf ein kleines Stück Papier.

Lotta lacht. Sie wird Oma auf die Wand über ihrem Bett malen. Da kann Lotta sie immer sehen, und Oma kann Lotta immer beschützen.

Lotta klettert auf ihr Bett und malt. Lotta malt Oma. Mit ihrer großen Handtasche, in der immer eine kleine Überraschung für Lotta steckt, und mit weit ausgebreiteten Armen. Arme und Hände, die Lotta erwarten und streicheln und trösten und kitzeln können.

Es wird ein sehr schönes Bild. Lotta ist sehr zufrieden mit sich und Oma. Sie springt vom Bett und sieht sich das Bild aus der Ferne an.
Oma über Lottas Bett, das ist gut.
Oma mit einladenden Armen, das ist wunderbar.
Oma an der Wand ... Lotta wird nachdenklich. Oma an der Wand, das ist vielleicht doch nicht so gut. Hoffentlich bekommt Lotta jetzt keinen Ärger mit Mama. Denn die mag es gar nicht, wenn Lotta an die Wände malt!
„Lotta, kannst du mal bitte ...“ Mama steht in der Kinderzimmertür und bricht mitten im Satz ab. Mit blitzenden Augen schaut sie auf Lotta und auf das Bild an der Wand und auf den Wachsmalstift in Lottas Hand. 
Lotta ist furchtbar erschrokken. „Ich, ich wollte die Oma ...“, flüstert sie leise.
Aber Mama will gar nicht hören, was Lotta wollte.
„Lotta“, schimpft sie los, „dein Zimmer ist gerade frisch gestrichen!“
In Lottas Bauch drückt und zwickt es. Es ist gar nicht schön, wenn Mama so ärgerlich ist.
„Was ist denn hier los?“, will Papa wissen, als er ins Kinderzimmer kommt.
Mama zeigt auf Lottas Bild. „Schau dir das an. Auf der frisch gestrichenen Wand. Das hat gerade noch gefehlt!“
„Oh“, schmunzelt Papa, „das ist ja Oma! Ja, das finde ich auch, das hat noch gefehlt. Die Wand sah wirklich langweilig aus vorher. Dass ich da nicht selber drauf gekommen bin. Wartet mal, ich habe noch eine Idee.“
Papa läuft in den Keller und kommt gleich darauf mit einem großen bunten Bilderrahmen wieder. Er hält ihn um Lottas Gemälde.

„Sieht das nicht toll aus?“
Da verfliegt Mamas Ärger. „Ihr seid mir schon zwei Schlawiner!“, lacht sie.
Lotta ist sehr erleichtert.
Sie erzählt Mama und Papa, warum sie Oma unbedingt über ihr Bett malen wollte.
Und Mama muss Lotta zeigen, wie man „Ich hab dich lieb“ schreibt. Denn das will Lotta noch zu Omas Bild dazuschreiben.

Lieber schwarzer Kater

Trixi gähnt genüsslich. Der kleinen Hexe geht es richtig gut. Ihr lieber schwarzer Kater Bärli liegt wie eine Wärmflasche auf ihrem Bauch und schnurrt gemütlich.

„Was ist denn das für einer?", fragt die Oberhexe. „Ein Hexenkater muss fauchen, einen Buckel machen und die Haare sträuben."

Trixi steht empört auf. „Mein Bärli ist lieb", sagt sie. „Er schmust gerne, und die Leute mögen ihn."

„Das darf doch nicht wahr sein!", brüllt die Oberhexe. „Tausch ihn sofort um!"

„Das geht nicht", sagt Trixi trotzig. „Mein Bärli ist der Sohn von einer alten Hexenkatze aus Ägypten. So jemanden tauscht man nicht um."

„Dann schick ihn wenigstens in die Hexenkatzen-Schule!", befiehlt die Oberhexe. „Er muss lernen, die Leute fürchterlich zu erschrekken. Ich mach es ihm mal vor."

Sie nimmt den lieben Bärli hoch. Ihre Augen werden schräg und schillern grasgrün. Kleine Blitze knistern aus ihren gewitterwolkenschwarzen Haaren. Dann schreit sie einen Katzenschrei.

Trixi rieselt es kalt den Rücken hinunter.

Und was tut Bärli?

Der liebe Bärli maunzt freundlich und schleckt zärtlich die lange Nase der Oberhexe.

Da muss sie lachen: „Na gut, mit dir mache ich eine Ausnahme. Du darfst so bleiben, wie du bist, Bärli, freundlich und verschmust."

„Verflixt und zugenäht!", sagt Trixi erleichtert. „Jetzt bin ich aber froh."

Der geheimnisvolle Schatz

„Die Karte habe ich in einer alten Truhe bei Opa gefunden", flüstert Pankratz seinem Freund Tatzel zu.
Die zwei kleinen Drachen sitzen in ihrem Geheimversteck. Das kennen nur sie beide. Und das ist gut so, denn manchmal gibt es etwas Ober-Ober-Geheimes, wovon andere absolut nichts wissen dürfen. Wie von dieser Schatzkarte.
„Das hier könnte tatsächlich unser Zauberwald sein", murmelt Tatzel und deutet auf die Karte. „Den Hinkelstein, der wie ein Bär aussieht, kenne ich nämlich!"
„Sag ich doch", meint Pankratz ungeduldig. „Klar ist das unser Zauberwald. Die blaue Eiche und das alte, steinerne Kreuz gibt es auch. Und den restlichen Weg finden wir beide schon!"
Tatzel nickt. „Du hast Recht! Los, der Schatz gehört uns!"
Bis zur blauen Eiche finden die beiden Drachen den Weg ohne Probleme. Nur das alte, steinerne Kreuz hätten sie fast übersehen, so zerfallen ist es.

„Hörst du das Meer?", flüstert Tatzel. „Das ist auf der Schatzkarte auch eingezeichnet. Wir sind genau richtig!"
„Schau, da unten liegt auch das alte Schiffswrack", ruft Pankratz plötzlich und zeigt von den Klippen hinunter ins Meer. „Jetzt kann es nicht mehr weit sein."
Und tatsächlich: Plötzlich stehen Pankratz und Tatzel vor vier Höhleneingängen. Aber in welcher Höhle liegt der Schatz? Auf der Karte entdecken sie Symbole. Ob die ihnen weiterhelfen?

Vergleiche die Symbole auf der Schatzkarte genau mit denen an den Höhlen. Nur eine Kombination davon ist richtig.

Ballettháschen

Kusine Flippi-Floppi erzählt: „Als ich klein war, wollte ich so gerne ein Balletthäschen werden, im rosa Röckchen und auf den Spitzen tanzen und so.
Ich ging jeden Tag auf die kleine, versteckte Waldwiese. Dort übte ich heimlich und tanzte so lange, bis mir die Luft ausging.

Zum Schluss verbeugte ich mich immer tief.
Einmal rief jemand: ‚Bravo, super, einsame Spitze!', und klatschte Beifall. Es war Freddy Fuchs.
Ich bekam die Krise und dachte, gleich frisst er mich.
Aber Freddy wedelte freundlich mit seinem roten Schwanz und sagte: ‚Tanz noch mal, du süßes Balletthäschen. Es ist so schön, dass man es kaum aushalten kann. Außerdem hab ich gerade Gans gegessen und bin pappsatt.'
Das stimmte, denn er hatte einen dicken fetten Bauch.
Freddy Fuchs grinste und sagte dann: ‚Es wäre viel zu schade, dich mit einem einzigen Happs zu schnappen. Wollen wir Freunde sein?'
Ich nickte.
‚Gib mir deine Hand und versprich es!', sagte Freddy.
So ein Gauner! Der wollte mich ja doch schnappen. Nein, so blöd war ich nicht. Ich hielt Abstand, mindestens drei Meter. Freddy Fuchs kam von da an jeden Nachmittag von zwei bis drei, außer donnerstags, wenn ich Blockflötenunterricht hatte, und schaute mir beim Tanzen zu", sagte Kusine Flippi-Floppi. „Es machte ihm viel Freude. Und mir auch."

Polli geht ins Schwimmbad

Heute ist ein sehr heißer Tag. Polli hat sich mit ihren Freunden im Schwimmbad verabredet. Dort gibt es nämlich eine besonders lange Wasserrutsche. Und es macht einen Riesenspaß, dort zu rutschen.
Polli sucht ihr Badehandtuch, ihren Wasserball, das Sonnenöl und ihren Bikini. Doch sie kann die Sachen nicht finden.
Im Schrank sind Bikini, Badehandtuch, Wasserball und Sonnenöl jedenfalls nicht. Aber das überrascht Polli nicht besonders, denn sie räumt selten auf. Sie muss meistens erst ein bisschen suchen, ehe sie ihre Sachen findet. Wo habe ich die Badesachen nur hingelegt?, überlegt Polli.
Sie schaut unter dem Bett nach. Da findet sie einige Schokoladenkekse, einen Schwamm, einen Ball und einen Gummistiefel.
Aber den Bikini, das Badehandtuch, den Wasserball und das Sonnenöl findet sie nicht. Polli denkt angestrengt nach. Vielleicht sind ihre Badesachen ja aus Versehen im Papierkorb gelandet? Sie schaut nach. Dort findet sie ihr Portmonee, das sie schon lange gesucht hat. Sie findet eine Zange, die Zeitung von gestern, ihr Malbuch, die Bastelschere und einen Wollhandschuh.
Aber den Bikini, das Badehandtuch, den Wasserball und das Sonnenöl findet sie nicht.
„Vielleicht habe ich die Sachen aus Versehen in den Kühlschrank geräumt?“, vermutet Polli. Also schaut sie im Kühlschrank nach. Dort findet sie den zweiten Gummistiefel, einen Becher Jogurt, ihre Kullerbahn und ein Stück Käse.
Aber ihre Badesachen findet sie nicht.
Polli sieht sich um. Irgendwo müssen ihre Badesachen doch sein!

Hilf Polli beim Suchen! Kreise die unten abgebildeten Dinge oben im Bild ein.

Überraschungsbrot

Heute ist mal wieder so ein Schnell-schnell-beeil-dich-Tag. Paul merkt das schon, als Mama mit Volldampf seine Jalousie hochzieht und sagt: „Guten Morgen, Spatz! Ist schon spät, mach schnell, ja? Was willst du auf dein Frühstücksbrot haben?“

Verschlafen klappt Paul die Augen auf.

Mama steht vor seinem Bett und wartet auf eine Antwort. „Nun sag schon! Salami, Leberwurst oder lieber Frischkäse?“

„Mir egal!“, gähnt Paul. Es ist immer dasselbe! Morgens muss bei Mama alles schnell gehen. Paul soll schnell aufstehen, sich schnell anziehen und schnell frühstücken. Immer nur schnell, schnell, schnell!

Paul mag's aber lieber gemütlich!

Pauls Katze Miezi huscht ins Kinderzimmer. Sie springt zu Paul aufs Bett, schlüpft unter seine warme Decke und rollt sich schnurrend ein.

Paul krault Miezis weiches Fell. Miezi schnurrt und reckt sich und hat Zeit für Paul. Warme, ruhige, gemütliche Kuschelzeit.

„Paul, aufstehen!", ruft Mama jetzt schon zum dritten oder vierten Mal aus der Küche.
Also klettert Paul endlich aus dem Bett und geht ins Bad. Zumindest macht er sich auf den Weg ins Bad. Aber wie fast jeden Tag kommt er dabei ganz zufällig an seiner selbst gebauten Burg vorbei. Und wenn da an einer Stelle die Burgmauer eingestürzt ist, muss die natürlich repariert werden. Sonst wären die Burgbewohner ja völlig schutzlos, wenn fremde Ritter angreifen. Die würden die schöne Prinzessin rauben und in eine fremde Burg entführen. Dort müsste sie in der Küche arbeiten und immerzu Kartoffeln schälen, und zu essen bekäme sie nur ...
„Leberwurst oder Salami?", ruft Mama aus der Küche.
Leberwurst, denkt Paul. Wahrscheinlich bekäme die Prinzessin jeden Tag nur Leberwurst. Leberwurstbrot, Leberwurstkuchen und Leberwurstsuppe. Bis eines Tages ein Piratenschiff käme, um die schöne Prinzessin zu befreien.
Pirat Paul ist inzwischen im Bad angekommen und lässt die Seifenschale im Waschbecken schwimmen.
Die Prinzessin winkt vom Waschbeckenrand und weint herzzerreißend: „Rette mich!"
Pirat Paul befiehlt mutig: „Lasst sofort die hübsche Prinzessin frei! Wir haben starke Kanonen. Und wir schießen mit gefährlichem ...
„Also mit Frischkäse!", ruft Mama in diesem Augenblick. „Bist du eigentlich schon angezogen?"
Da zieht Piratenchef Paul noch schnell seine Socken an und das T-Shirt und die Kindergartenhose, schnappt sich ein Pferd, reitet die Treppe hinunter und setzt sich an den Frühstückstisch.
Mama schüttelt den Kopf. „Na, wo sind deine Gedanken denn schon wieder?"

Paul schaut auf seinen Teller und muss kichern. Mama hat auf sein Frühstücksbrot mit Schokokreme ein Piratengesicht gemalt!
„Ist schwierig für dich, wenn morgens immer alles so schnell gehen soll, oder?", fragt Mama. „Ich hab's immer so eilig, ins Büro zu kommen, und du würdest lieber noch ein bisschen träumen. Vielleicht fällt uns ja etwas ein, wie wir das morgens besser hinkriegen könnten."
Paul denkt nach.
Mama denkt nach.
Und sogar Miezi in ihrem Körbchen denkt nach.
Dann hat Paul eine Idee: Er nimmt eine Scheibe Brot, belegt sie mit Salami und reicht sie Mama. „Das ist mein Frühstücksbrot für den Kindergarten. Kannst du's mir bitte einpacken?"
Mama ist ganz überrascht. „Was für eine klasse Idee! Ab sofort machst du dein Frühstücksbrot selbst! Dass wir da nicht schon längst drauf gekommen sind!"
Paul lacht. Prinzessinnen retten und Wurstbrote machen – so was kann ein echter Pirat eben.

Amselkind lernt fliegen

Amselkind hockt am Nestrand und soll zum ersten Mal fliegen. Aber es traut sich nicht. Es hat Angst, auf den Boden zu fallen und ohnmächtig liegen zu bleiben. Und was ist, wenn es zu hoch fliegt, bis zu den Wolken, und nicht mehr zurückfindet? O nein, Amselkind will nicht fliegen! Amselmama und Amselpapa sitzen neben dem Nest auf einem Ast und reden ihrem Jüngsten gut zu. „Keine Angst", sagt Amselmama. „Es wird schon klappen!"
„Jeder Vogel kann fliegen", sagt Amselpapa.
„Du ganz bestimmt auch!"

Amselbruder und Amselschwester sind schon bis zum Gartenzaun geflogen und plustern sich voller Stolz auf.
„Wir haben's geschafft!", tschilpt Amselbruder. „Wir fliegen jetzt los und suchen uns einen fetten Regenwurm."
„Feigling! Feigling!", tschilpt Amselschwester. „Und den Regenwurm fressen wir ohne dich."
Amselkind ist wütend auf die anderen und unzufrieden mit sich selbst. Es schimpft, und es schämt sich.

Da flitzt ein Eichhörnchen den Baumstamm herauf und bleibt nicht weit entfernt sitzen. Eine Weile schaut es Amselkind neugierig an. Dann sagt es: „Hör nicht auf die anderen! Du schaffst das bestimmt auch."
„Aber wie?", piepst Amselkind leise. „Wie? Wie? Wie?"
„Es gibt einen zweiteiligen Zauberspruch", sagt das Eichhörnchen. „Der erste Teil heißt: ‚Ich will es!'. Der zweite Teil heißt: ‚Ich kann es!'. Du musst nur die Flügel ausbreiten und den Zauberspruch sagen. Dann wirst du schon sehen."
Amselkind zögert. Aber dann will es den Zauberspruch doch ausprobieren. Es breitet die Flügel aus und sagt den Zauberspruch. Zuerst sagt Amselkind: „Ich will es!" Dann sagt Amselkind: „Ich kann es!"
Und schon fliegt Amselkind los – fort vom Nest, heraus aus dem Baum, über den Garten. Es fliegt nicht zu tief und nicht zu hoch. Zuerst geradeaus, und dann im Bogen zurück.

„Schön, schön, schön!“, jubelt das Amselkind. „Fliegen ist wunderbar! Fliegen ist leicht!“ Mühelos landet es wieder im Baum. Aber nicht auf dem Nestrand, sondern daneben, genau dort, wo seine Eltern sitzen.
„Na, siehst du!“, sagt Amselmama.
„Hab ich doch gleich gesagt!“, sagt Amselpapa.
Das Eichhörnchen ist nicht mehr da. Amselkind kann sich nicht mal für den Zauberspruch bedanken. Schade!
Stolz schaut sich Amselkind um. Dabei entdeckt es im Gras einen fetten Regenwurm. Gleich fliegt es los. Wenn seine Geschwister was abhaben wollen, müssen sie sich beeilen!

Tierallerlei

Heute Abend kommt Tante Griselda!", ruft Rufus Rabe. „Das weiß ich ja", sagt Zilli. „Und störe mich bitte nicht, ich lese."
„Du kannst doch noch gar nicht lesen!", sagt Rufus. „Du schaust dir nur die Bilder an!" Er läuft auf dem Tisch hin und her. „Warst du denn heute schon in der Küche?"
„Was ist hier eigentlich los?", fragt Zilli und legt genervt ihr Bilderbuch weg. „Langweilst du dich?"
„Ich würde die Küche mal aufräumen", sagt Rufus. „Es sieht dort aus, als hätten zehn wilde Eulen eine heiße Party gefeiert! Und Tante Griselda ist pingelig!"
Rufus hat Recht. Es sieht wirklich schlimm aus: Der Mülleimer ist voll, der Fußboden ist dreckig, das Fenster ist voller Spinnweben, und auf dem Küchentisch stapelt sich das dreckige Geschirr.
„Na, was habe ich gesagt?", krächzt Rufus.
„Ich hasse Abspülen!", ruft Zilli. „Erst putze ich mal den Rest."
Nach einer Stunde sieht es in der Küche schon besser aus. Nur der Geschirrberg steht nach wie vor auf dem Küchentisch.

„Kannst du das Geschirr nicht sauber zaubern?", fragt Rufus zaghaft.
Zilli überlegt. So richtig gut zaubern kann sie noch nicht, aber es wäre einen Versuch wert! Sie sucht ihren Zauberstab und fuchtelt damit in der Luft herum. Dann sprühen plötzlich Funken. Eine bunte Rauchwolke hüllt den Küchentisch ein. Als sie sich verzieht, kommen Zilli und Rufus aus dem Staunen nicht mehr heraus. Das Geschirr ist jetzt sauber, aber es sieht sehr komisch aus: Die Gläser haben richtige Ohren, die Teekanne hat einen Rüssel, und der Küchentisch läuft auf vier Beinen durch die Küche!

Welche neun Tierarten kannst du hier entdecken?

Der freche Waschbär

Der kleine Bär freut sich: „Jetzt sind wir gleich da! Wir müssen nur noch über den Fluss!“ Schnell watet er durch den Fluss. Für die kleinen Tiere aber baut der Biber eine Brücke. Dabei erzählt er eine Geschichte von seinem Freund, dem Waschbären:
„Es war einmal ein Waschbär, der kein Waschbär mehr sein wollte, sondern ein richtiger Bär! ‚Richtige Bären sind groß!‘, sagte sich der Waschbär. So aß er die doppelte Portion zum Mittag und stellte sich in den Regen, um noch ein Stückchen zu wachsen. Dann ging er zur klugen Eule. ‚Hallo, Eule!‘, rief der Waschbär. ‚Was bin ich?‘ Die Eule guckte verwundert: ‚Ein Waschbär natürlich!‘ Mit der Antwort war der Waschbär gar nicht zufrieden.
‚Richtige Bären sind stark!‘, überlegte der Waschbär. Und um stark zu werden, stemmte er schwere Äste, boxte mit seinem eigenen Schatten und machte Bocksprünge über die Fliegenpilze.
‚Was bin ich?‘, fragte er die Eule. ‚Ein Waschbär!‘, antwortete die Eule wieder. Betrübt schlich der kleine Waschbär nach Hause. Da fiel ihm etwas ein! Und schon am nächsten Tag rannte er gleich wieder zur Eule. ‚Eule, was bin ich?‘, wollte er wissen. ‚Ein WASCHBÄR!‘, rief die Eule ungeduldig. ‚Falsch! Ich bin kein Waschbär. Ich wasche mich nämlich nicht mehr! Und deshalb bin ich jetzt einfach nur noch ein Bär!‘, rief der Waschbär – Verzeihung: der Bär – und verschwand kichernd im Gebüsch.“

Baba Yaga

Wollt ihr mal mein Haus sehen?", fragte die Hexe Baba Yaga. „Ich hab's nämlich dabei." Sie legt ein Hühnerei auf die Wiese. Zuerst passiert gar nichts, dann knackst das Ei leise und fängt an zu wachsen. Es wächst und wächst und wird so groß wie ein Haus. Es bekommt Tür und Fenster und unten dran Beine, Hühnerbeine! Damit stolziert es auf der Wiese herum und gackert.

Die Hexen johlen und klatschen Beifall. So eine hübsche Idee!

Als sie wieder ruhig sind, erzählt Baba Yaga: „Einmal verirrte sich ein Mädchen in meinen tiefen Wald. Ich mag keine Menschen und wollte es gerade verzaubern, da sagte das Mädchen freundlich: ‚Guten Tag, liebes Mütterchen!'

‚Ich bin nicht lieb', brüllte ich. ‚Hast du denn keine Angst vor mir?'

‚Nein', sagte das Mädchen. ‚Soll ich dir die Haare kämmen? Sie sind so verstrubbelt. Und jetzt noch ein hübsches Kleid, Mütterchen. Was bist du doch für eine tolle Hexe!'

Da wurde ich butterweich. Aber mein Hühnerei-Haus war gar nicht einverstanden mit einer butterweichen Baba Yaga. Es bockte und sprang wild herum. Das Bett wackelte, der Tisch stürzte um, und das Geschirr zerbrach. Da kehrte das Mädchen den Müll aus der Stube, putzte die Fenster und stellte Blumen davor. Es polierte sogar den Messingknopf an der Haustür.

Jetzt war auch mein Haus zufrieden. Es setzte sich in eine Sandkuhle und gackerte leise."

„Verflixt!", lacht Trixi. „So ein Hexenhaus hätte ich auch gerne."

BABA YAGA

Sonntagsspaziergang

Es ist Sonntagnachmittag. Lukas hat schon mit all seinen Spielsachen gespielt. Jetzt möchte er gern fernsehen.
„Wie bitte?“, fragt Mama. „Fernsehen? Mitten am Nachmittag? Und auch noch sonntags?“
„Nur ausnahmsweise!“, bettelt Lukas. „Es kommt so ein lustiger Film. ‚Sechs Bären mit Zwiebel‘. Der muss ganz toll sein, hat Timo gesagt. Timo guckt ihn auch mit seinen Eltern.“
Aber Mama schüttelt den Kopf. „Wir gehen lieber spazieren.“
„Hach, spazieren!“, mault Lukas. „Das ist mir viel zu blöd!“
Er muss trotzdem mit.

Papa lenkt das Auto bis an den Wald. Dort steigen sie aus.
Lukas mault immer noch. Er trödelt hinter seinen Eltern her und denkt an den Film, den er verpasst. ‚Sechs Bären mit Zwiebel‘. Fernsehen ist viel besser als Spazierengehen.
Schließlich setzen sich Mama und Papa auf eine Bank. Auch das noch! Ist das langweilig! Lukas bleibt vor der Bank stehen und schaut seine Eltern finster an.
Papa sagt: „Du kannst dich doch da vorn auf den Baumstumpf setzen und die Eichhörnchen füttern.“
Lukas runzelt die Stirn. „Welche Eichhörnchen? Und womit soll ich sie überhaupt füttern?“
Papa greift in die Hosentasche. „Ich hab Nüsse mit. Die fressen sie dir aus der Hand.“
Zögernd nimmt Lukas die Nüsse und hockt sich damit auf den Baumstumpf.
„Streck die Hand aus“, sagt Mama, „und dann sitz ganz still!“
Lukas gibt keine Antwort. Immerhin tut er, was Mama gesagt hat.

Er kommt sich zwar ziemlich blöd vor, aber probieren kann er's ja mal.
Er wartet und wartet. Der ausgestreckte Arm wird ihm schon schwer. So 'n Blödsinn!, denkt er. Wie lange soll denn das noch dauern?
Da flitzt plötzlich etwas vom nächsten Baum herunter, springt auf den Boden, huscht näher, bleibt sitzen und zuckt mit dem buschigen Schwanz. Es ist wirklich ein Eichhörnchen! Und da kommt noch eins! Und noch eins! Es ist kaum zu glauben. Eins, zwei, drei, vier Eichhörnchen hocken in einiger Entfernung um Lukas herum und äugen aus blanken Augen herüber.
Papa sagt nichts. Auch Mama verhält sich ganz still.
Aber Lukas weiß, was er zu tun hat. Langsam, ganz langsam senkt er die Hand mit den Nüssen und hält sie den Eichhörnchen hin. Da kommt schon das erste ...
Als alle Nüsse verschwunden sind, fragt Papa: „Na, tut es dir immer noch leid wegen ‚Sechs Bären mit Zwiebel'?"
Lukas schüttelt den Kopf.
„Nein", sagt er. „Vier Eichhörnchen mit Lukas waren ganz bestimmt besser."

Haltet den Dieb!

Pankratz döst genüsslich in der Sonne. Sein Schwanz hängt im See. Das kühlt fantastisch. Endlich ist mal ein warmer Sonnentag, an dem er seine neue Sonnenbrille tragen kann. Die ist richtig cool, und alle anderen Drachen haben ihn darum beneidet.
Plötzlich hört er hinter sich auf den Felsen ein paar Stimmen rufen: „Verschwinde von unseren Nestern, du Taugenichts!"
Der kleine Drache blinzelt verdutzt. Müssen die so rumschreien? Wieso kann er nirgends ungestört faulenzen?
Da kreischt es wieder: „Haltet den Dieb! Haltet den Dieb! Er hat unsere Eier geklaut."
Pankratz springt auf. Da sieht er einen Marder die Felsen hinuntersausen. Hinter ihm jagen wütend fünf Vögel her und hacken mit ihren Schnäbeln nach ihm. Auf seiner Flucht verliert der Marder etwas aus seinem Rucksack. Aber keiner bemerkt es.

„Wartet doch", ruft Pankratz ihnen hinterher. Doch der Marder und seine Verfolger sind längst verschwunden.
Ob das die Eier sind, die der Marder den Vögeln geklaut hat? Der kleine Drache schaut nach. Und tatsächlich: Im Gras liegen vier Eier. Zum Glück ist keins kaputt.
„Die muss ich in die Nester zurücklegen", denkt Pankratz und wickelt die Eier vorsichtig in sein großes Badetuch. Dann fliegt er zu den Felsen hinauf. Dort entdeckt der kleine Drache fünf Nester, in denen Eier mit verschieden gemusterten Schalen liegen.
„Da muss ich aber genau aufpassen", denkt er. „Sonst schlüpft am Ende noch ein Vogel im falschen Nest!"

Welches Ei gehört in welches Nest? Vergleiche die Schalen genau. Aus einem Nest fehlt kein Ei.

Urwaldhasen

„Wisst ihr eigentlich", sagt Hasi aufgeregt, „dass es im Urwald kleine gefährliche Hasen gibt? Im Urwald ist alles grün und duster, nur am Fluss ist es ein bisschen heller.
Dort liegt eines Tages ein altes hungriges Krokodil mit schlechten Augen und merkt nicht, dass ein kleiner Hase von der gefährlichen Sorte an ihm vorbeispaziert. Das Krokodil packt ihn, wirft ihn in die Luft, sperrt das Maul auf und, wusch, landet der kleine Hase direkt im Bauch des Krokodils.
Dort war's zappenduster und stinkig, igitt! Der kleine gefährliche Hase denkt: Wo ist hier der Ausgang? Aber hinten hinaus war's selbst für ihn zu eng, und vorne war total zu. Der Hase hoppelt ratlos herum.

‚Hör sofort auf damit', sagt das Krokodil. ‚Sonst krieg ich Magenweh.'
Aha, denkt der kleine gefährliche Hase, so ist das, und trommelt mit seinen Hinterbeinen ganz fest im Bauch des Krokodils herum.
‚Hör aaaauf!', brüllt das Krokodil mit weit aufgesperrtem Maul, und der kleine gefährliche Hase hüpft zwischen den tausend Zähnen hinaus ins Freie.
‚Ätsch-bätsch. Du hast mich nicht gekriegt!' Da wird das Krokodil so zornig, dass es mit seinem Schwanz auf einen Baumstamm schlägt. Der fällt um und ihm voll auf die Schnauze. Rumms. Da fallen dem Krokodil sämtliche Zähne aus. Es kann in Zukunft nur noch Wasserlinsenbrei schlabbern."
Hasi lacht. „So gefährlich sind im Urwald die kleinen Hasen. Und die Geschichte ist wirklich wahr!", sagt er zufrieden.

Lösungen

Seite 16/17:
Das Rad ist zwischen die Sonnenblumen gerollt.

Seite 20/21:

Seite 26/27:
Die Saftflasche ist unter der Treppe versteckt.

Seite 34/35:

Seite 38/39:

Seite 40/41:
Onkel Etzel wohnt im hintersten Schloss.

Seite 46/47:
Das lustige Butterbrot ist ins Aquarium getanzt.

Seite 58/59:

Seite 66/67:

Seite 70/71:

Seite 78/79:
Beim gelben Schal mit den orangen Sternchen fehlt die passende Mütze.

Seite 82/83:
Oskar hat die Hausschuhe auf und unter der Rutsche, unter dem Bett, unter dem Bücherregal, im Spielflugzeug und im Korb versteckt.

Seite 94/95:
Der dritte Höhleneingang von links ist der richtige.

Seite 98/99:

Seite 106/107:
Diese Tiere kannst du entdecken: Hühner, Schmetterlinge, Hasen, Maus, Elefant, Pferd, Schwein, Schlange und Schwan. Natürlich sieht man auch den Raben Rufus auf dem Bild.

Seite 114/115:
Aus dem Nest vorn rechts fehlt kein Ei.

Quellenverzeichnis

Aufregung im Hühnerstall,
Oskars Lieblingsspiel
aus: Udo Richard,
Rategeschichten vom kleinen Hund,
mit Illustrationen von Katharina Wieker

Post aus Amerika,
Das Ungeheuer,
Der geheimnisvolle Schatz,
Haltet den Dieb
aus: Claudia Lander,
Rategeschichten vom kleinen Drachen,
mit Illustrationen von Sigrid Leberer

Das lustige Butterbrot
aus: Barbara Zoschke,
Im Kindergarten,
mit Illustrationen von Dorothea Tust

Die Seifenkistenfahrt,
Post von Tante Rabea
aus: Hermien Stellmacher,
Drei Bärenfreunde,
mit Illustrationen von der Autorin

Polli probiert Schokolade,
Wo sind sie bloß?,
Polli geht ins Schwimmbad
aus: Sabine Rahn,
Bei den lustigen Tieren,
mit Illustrationen von Sigrid Leberer

Fliegende Fliegenpilze,
Tierallerlei
aus: Hermien Stellmacher,
Das große Hexenfest,

mit Illustrationen von Leopé
© Loewe Verlag GmbH, Bindlach 2001

Lukas hilft der Polizei
aus: Udo Richard,
Unterwegs mit der Feuerwehr,
mit Illustrationen von Katharina Wieker
© Loewe Verlag GmbH, Bindlach 2000

Der kleine Drache,
Lilo,
Wichtelurlaub,
Immer nur Streit!,
Heiratsgeschichte,
Oma,
Beste Freunde teilen alles,
Krokodilszauber,
Überraschungsbrot
aus: Sabine Kalwitzki,
Ich mag dich ja so gern!,
mit Illustrationen von Antje Flad
© Loewe Verlag GmbH, Bindlach 2005

Auf dem Dachboden,
Kitzelkampf,
Sonntagsspaziergang,
Wieder Freunde!,
Lena ist sauer,
Doktor Kasperl,
Suppe gut – alles gut!,
Papa, mach mal Quatsch,
Amselkind lernt fliegen
aus: Ingrid Uebe,
Komm, lach mit mir,
mit Illustrationen von Julia Ginsbach
© Loewe Verlag GmbH, Bindlach 2004

Der kleine Pirat im Dunkeln
aus: Ulrich Heiß,
Komm mit an Bord, kleiner Pirat!,
mit Illustrationen von Irmgard Paule
© Loewe Verlag GmbH, Bindlach 2003

Die besten Vorlesegeschichten ...

Kinder genießen es, sich vorlesen zu lassen. Egal ob es um Drachen oder kleine Bären geht, eine Geschichte zum Zuhören und Mitdenken macht immer Spaß. Diese Sammelbände enthalten die schönsten Geschichten für Kinder ab 4 Jahren. Nehmen Sie ihr Kind mit in die Welt des kleinen Hundes, zum Hexenfest oder auf die Ritterburg. Und wer mehr als nur Zuhören will, findet reichlich liebenswerte bunte Illustrationen zu den Geschichten.

3-Minuten-Geschichten zum Zuhören und Mitraten
ISBN 978-3-8112-3210-5

... für guten Schlaf!

Sternenglanz und Mondgeflüster
ISBN 978-3-8112-3243-3

Himmelschaf und Sternenbär
ISBN 978-3-8112-3265-5

gondolino